Jornada de Fe

CATECUMENADO C1

ADOLESCENTES

En breve:

- El RICA tiene diversos ritos.
- Los ritos para los catecúmenos y para los candidatos son distintos.
- Algunos ritos son obligatorios y otros, opcionales.

El proceso y los ritos del RICA

En algún momento de tu vida, algo o alguien cambió tu forma de ver la fe. Quizás el darte cuenta de tu necesidad de Dios haya sido parte de un proceso que se desarrolló poco a poco. Quizá te tomó por sorpresa. Sin importar cómo haya sido, el caso es que te cambió.

Quizá fue cuando empezaste a ir a tu parroquia. O cuando te encontraste con Dios. Quizá fue cuando conociste a cierto grupo de amigos que te hicieron sentir como en casa. O cuando tal o cual grupo juvenil te hizo sentir parte de algo más grande, donde podías ayudar a los demás. Quizá fue cuando tú y tu familia se reencontraron con la Iglesia y entonces reconsideraste tus creencias.

Cualquiera que haya sido el factor con el que inició tu proceso, el hecho es que ahora estás aquí en el RICA. ¿Y ahora qué?

- *Tómate el tiempo que creas necesario para reflexionar en lo que te trajo aquí. ¿Cuáles son tus expectativas conforme vas avanzando en el RICA?*
- *¿Qué esperas recibir a cambio de ser católico? ¿De qué manera esperas que cambie tu fe como consecuencia de ser católico?*

La incorporación al Catecumenado

Si no estás bautizado: Quizás tú ya sabes de qué se trata el RICA. Te encuentras al inicio, momento en que los adultos no bautizados aprenden en qué consiste la fe católica y se preparan para iniciarse plenamente en ella. En las primeras etapas, en el **Rito de aceptación,** entras a formar parte del catecumenado. Le haces saber a la comunidad que quieres seguir el Evangelio como miembro de la Iglesia. Luego tu padrino hablará del proceso de tu conversión. Ahora bien, esa es una historia que no ha acabado aún. Tu fe seguirá evolucionando por el testimonio, la palabra y la oración. Este camino te conducirá a los sacramentos de iniciación.

Si ya estás bautizado: Quizás ya recibiste el Bautismo en otra Iglesia cristiana. Si ese es el caso, entonces comenzarás el proceso como **candidato** por el **rito de bienvenida.** Significa que aprenderás más sobre la fe a través del contacto con otros, antes de entrar en plena comunión con la Iglesia por la profesión de la fe y a través de la recepción de los sacramentos de la Confirmación y la Eucaristía.

Podrás participar en otros ritos opcionales como: celebraciones de la Palabra de Dios, bendiciones, unciones y el ritual de envío. Todas estas celebraciones se explicarán con mayor detalle en las siguientes lecciones.

- *¿En qué rito vas a participar?*

Después del Catecumenado

Purificación y discernimiento (Cuaresma)
Una vez que hayas discernido si estás listo para el siguiente paso, participarás en el **Rito de elección.** Tras esto quedarás aceptado para recibir los sacramentos de iniciación (si ya estás bautizado, tu decisión será elegir a la Iglesia Católica).

CIC 1229–1233, 1247–1249

Una vez hecho este rito, te habrás convertido en uno de los **elegidos**. Tu camino se dirigirá ahora hacia el tiempo cuaresmal, tiempo de conversión y oración.

- *¿Quién o qué te ha resultado de mayor utilidad en este viaje? ¿Qué ha significado para ti su presencia?*

Sacramentos de iniciación

Muchos participantes del RICA dicen que está es la parte más intensa de todo el proceso: ser bautizado, confirmado y recibir la Eucaristía por primera vez. En la Vigilia Pascual, te conviertes en católico, vivirás esa ceremonia rodeado del equipo del RICA, de tu o tus padrinos, de tu familia, de amigos y de todos los participantes. Ahora te has convertido en neófito. Un **neófito** es alguien que ha sido "plantado" en la fe y que acaba de comenzar a formar parte de la vida de la Iglesia.

Mistagogia

Tras recibir los sacramentos, avanzarás a otra etapa en la que irás compartiendo tu fe a lo largo de la Pascua (y hasta Pentecostés). Esto significa que hablarás sobre los misterios del Evangelio y de los sacramentos con los demás miembros de tu parroquia. Y si ya te sentías en confianza con la comunidad, estas conversaciones harán que te sientas todavía más en casa. Asistir a Misa y recibir la Eucaristía serán parte de tu vida. Esforzarte por servir a los demás te llevará también a vivir activamente la fe.

> *"Si alguno me sirve, que me siga y donde yo esté, ahí estará también mi servidor".*
>
> *Juan 12:26*

Los ritos del RICA a detalle

Estos ritos tienen lugar al inicio de la Misa o después de la homilía. Vas a responder a oraciones pronunciadas por el celebrante, mientras estás de pie cerca del altar acompañado de tu padrino y de los demás candidatos del RICA. En tu parroquia te darán instrucciones más precisas sobre cómo se celebrarán estos ritos. Es muy probable que incluso los ensayen antes.

Rito de aceptación o de bienvenida

A través de este rito se te acepta en el Orden de los catecúmenos —si aún no estás bautizado— o en la Iglesia Católica, si ya estabas bautizado. A partir de ahora tendrás un padrino, quien estará a tu lado a las puertas de la iglesia para hacer visible que comienzas a formar parte de la comunidad. He aquí lo que va a suceder:

1. El sacerdote presenta a cada catecúmeno o candidato por su nombre y pregunta: "¿Qué pides a la Iglesia?". A lo que responderás: "la fe". Con esto expresarás tu deseo de vivir, amar y aprender dentro de una comunidad.

2. El sacerdote trazará el signo de la cruz en tu frente, símbolo del amor y de la fuerza de Jesucristo que te acompañan en este camino.

3. Se le hará la invitación a todo el grupo a formar parte de la Iglesia y a participar en la Liturgia de la Palabra. Terminadas las lecturas, pueden llamarte para hacerte entrega del libro de los Evangelios o de una cruz. La comunidad rezará por ti y te enviará para que reces y reflexiones en las lecturas.

Rito de elección

Normalmente el obispo preside el **Rito de elección** el primer domingo de Cuaresma. Muy probablemente esto es lo que va a suceder:

1. Tus padrinos te acompañarán a la catedral y darán fe de que estás listo para ser iniciado (si ya te bautizaste, entonces que es tu decisión formar parte de la Iglesia). La asamblea dará su aprobación.

2. El obispo pregunta si estás listo para dicha elección. Tú dirás que sí y darás tu nombre, el cual quedará escrito en el Libro de los Elegidos y que se presentará a lo largo del rito.

3. Se te proclamará "miembro de los elegidos, quien será iniciado en los sagrados misterios durante la Vigilia Pascual". Seguirán las oraciones de intercesión y una bendición.

Los escrutinios (para los no bautizados)

Estos ritos fortalecerán tu fe conforme vayas reflexionando y comentando los diversos significados de los relatos tomados del Evangelio de Juan, los cuales se leerán durante tres de los domingos de Cuaresma.

- El primer escrutinio nos ofrece la historia de la Samaritana al lado del pozo (Juan 4:1–26).
- El segundo escrutinio se enfoca en la historia del ciego de nacimiento (Juan 9:1–41).
- El tercer escrutinio se centra en la resurrección de Lázaro (Juan 11:1–44).

Jornada de Fe

En breve:

- Los sacramentos son signos tangibles del amor divino.
- La Iglesia reconoce de manera oficial siete sacramentos.
- Cristo instituyó los sacramentos.
- Los sacramentos no son rituales mágicos o mecánicos.

Los sacramentos: una introducción

¿Recuerdas la primera vez que te prestaron las llaves del coche de la familia? Si no te ha pasado ya, ¿no es cierto que esperas con emoción el día en que por fin vas a poder manejar? ¡Qué emoción!

Con todo, no son las llaves o el coche lo que te pone así. Esas cosas son el símbolo, una señal externa de algo más importante. Tener esas llaves simboliza en realidad:

Que eres libre.
Es decir, que tienes el poder para ir a casi cualquier parte (claro, con permiso de tus papás).

Que ahora tendrás un nuevo poder y una nueva responsabilidad.
Quizá no parezca precisamente eso, sin embargo, tener el control de un coche te da mucho poder. Y eso significa también que serás responsable de usarlo con cuidado.

Que cuentas con la confianza de tus papás.
Cuando tus papás te entreguen esas llaves, te estarán diciendo: "Te has ganado nuestra confianza. Creemos que serás prudente al manejar y que serás lo suficientemente responsable como para tomar las mejores decisiones".

¿Qué son los sacramentos?

De la misma manera que las llaves representan un privilegio y una libertad, los sacramentos son signos y acciones externas que expresan y comunican el amor de Dios, además de su gracia salvadora y su presencia en nuestras vidas. Nosotros somos seres físicos. Aprendemos y entendemos mejor a través de los sentidos (vista, oído, gusto, olfato y tacto). Además, también nos comunicamos a través de los sentidos.

Por ejemplo, si quieres mostrarle a alguien que él o ella es importante para ti, usarás palabras (que se pueden oír o ver), abrazos (que se sienten), flores (que se pueden ver u oler) o dulces (que se pueden ver o saborear). Si bien estas expresiones físicas de amor no son el amor, tú comunicas el amor a través de estas. Las palabras, los gestos físicos y los objetos físicos se convierten en signos de amor que de otra forma no alcanzaríamos a ver.

¿De qué manera nos comunica Jesús su amor?

De una manera semejante a aquella en la que expresamos nuestro amor a través de símbolos, una de las maneras en que Jesús nos muestra su amor es a través de los sacramentos. Jesús sabía que los seres humanos necesitaban signos físicos para comprender la impresionante realidad de su amor. Mientras estaba en la tierra con sus discípulos, usó signos físicos para comunicar su amor.

Busca uno o dos de estos pasajes del Evangelio y anota el signo físico que Jesús usó para ayudar a sus discípulos a entender lo mucho que le importaban:

Mateo 8:1–3 | Marcos 10:13–16

Lucas 9:12–17 | Juan 13:3–5

CIC 1084, 1087, 1113–34, 1210–12, 1420–21, 1533–35

Todavía hoy Jesús emplea signos físicos para comunicar su amor por nosotros. Lo hace en los signos y actos que llamamos "sacramentos". Los **sacramentos** son actos salvadores de Cristo, los cuales suceden en un preciso momento para bien de nosotros, sus hijos muy amados. *El Catecismo de la Iglesia Católica* nos ayuda a entender mejor esto. Nos dice que los sacramentos son signos visibles instituidos, o establecidos por Cristo y a través de los cuales se nos da la vida de Dios. Estos signos y acciones visibles hacen presente la gracia de Dios a través del Espíritu Santo (*CIC* 1131).

El Espíritu Santo nos prepara para los sacramentos a través de la Palabra de Dios, por lo que debemos recibirlos con corazón bien dispuesto y lleno de amor. Si no hacemos nada intencionalmente para prepararnos a los sacramentos o si nuestras mentes o nuestros corazones están cerrados, no seremos capaces de recibir las gracias y el amor de Dios. Incluso Dios mismo no puede darnos un don si nosotros nos resistimos a aceptarlo.

> *"Los ritos visibles bajo los cuales los sacramentos son celebrados significan y realizan las gracias propias de cada sacramento. Dan fruto en quienes los reciben con las disposiciones requeridas".*
>
> CIC *1131*

Si bien los sacramentos nos benefician en cuanto individuos, es un hecho que también aportan vida a toda la Iglesia. Como miembros del Cuerpo de Cristo, cada vez que nos fortalecemos como individuos, la Familia de Dios se fortalece como un todo (*CIC* 1134).

Existen siete sacramentos en la Iglesia Católica: el Bautismo, la Confirmación y la Eucaristía se llaman sacramentos de iniciación; la Reconciliación y la Unción de los enfermos se conocen como sacramentos de sanación porque a través de ellos Dios sana nuestros cuerpos y nuestras almas; finalmente, el Matrimonio y las Órdenes Sagradas son los sacramentos de servicio, pues nos preparan para vivir nuestra vocación en el mundo.

¿Podemos ver los sacramentos de otra manera?

Muchos de los estudiosos actuales, los que estudian con mayor detenimiento la Iglesia y nos ayudan a entender sus enseñanzas, ven los sacramentos de una segunda forma. Toda persona, evento o cosa a través de la cual nos encontramos con Dios o experimentamos su presencia es también una especie de sacramento.

Por ejemplo, la primera vez que escalaste una montaña y contemplaste el paisaje desde las alturas, quizás en ese momento sentiste la presencia y majestad de Dios de una manera que nunca antes habías experimentado. En cierto sentido, la belleza impresionante de la creación que contemplaste en ese momento se convirtió en un encuentro individual y divino. Ahí estabas encontrando a Dios a través del mundo físico.

Del mismo modo, cuando la tristeza disminuye gracias al consuelo de un amigo que se preocupa por ti, tu amigo se convierte en una experiencia de Dios que acude en tu ayuda en un momento de necesidad. Ambos, las montañas y tu amigo, hacen de Dios alguien a quien podemos ver, oír, tocar y sentir.

- *¿De qué forma has experimentado este tipo de sacramento en tu vida?*

¿De dónde provienen los siete sacramentos oficiales?

Los sacramentos comenzaron con la experiencia humana de los seguidores de Jesús. Conforme los discípulos fueron entendiendo más al Maestro, así también fueron entendiendo más a Dios. Jesús mismo fue sacramento para sus discípulos. Fue a través de él, y solo de él, que pudieron conocer a Dios (ver Juan 8:19; 14:6–10).

Cuando los primeros cristianos compartían la Buena Nueva, lo hacían imitando a sus antepasados hebreos. Para evitar que las siguientes generaciones olvidaran los grandes hechos de Dios, los hebreos los contaban una y otra vez, repitiendo siempre el mismo patrón. Estas historias contenían palabras especiales, ricos simbolismos y hechos importantes. Cuando palabras específicas y acciones simbólicas se emplean una y otra vez repitiendo el mismo patrón, entonces se convierten en *rituales*.

CATECUMENADO C3

ADOLESCENTES

En breve:

- Fundamentos históricos y bíblicos del Bautismo.
- Significado y efectos del Bautismo.
- Significado de los símbolos bautismales.
- El rito del Bautismo.

El sacramento del Bautismo

"Una Pascua tuve la oportunidad de conocer una tribu llamada los Tubolis. Vive en la cima de las montañas de Mindanao. Para la Vigilia Pascual, la comunidad de los cristianos bautizados se reúne de un lado del río, el cual no es muy ancho, pero sí caudaloso y extremadamente frío. Era el alba, por lo que las personas llevaban antorchas, además de muchas mantas y frascos de aceite. Mientras tanto, los catecúmenos, quienes iban a recibir el Bautismo, estaban del otro lado del río. El Padre Rex, su misionero, estaba ahí, firme, en medio del río, con las fuertes corrientes hasta la cintura. A continuación, la comunidad comenzó a invitar a quienes estaban del otro lado, uno por uno, por su nombre: "Juan, ven; María, ven".

"Los catecúmenos se le quedaban viendo a la corriente, no sin algo de temor pues corría con fuerza y porque sentían mucho frío. Uno por uno se metían en el agua mientras del otro lado no dejaban de llamarlos por su nombre. Cuando llegaban al otro lado tras haber recibido el Bautismo, la comunidad los tapaba con las mantas, los ungía con aceite y los colocaba en el medio. Todo contribuía a crear una atmósfera muy intensa. Después celebraban la Eucaristía, justo ahí, a la ribera del río donde acababan de recibir el Bautismo".
—Padre pasionista Donald Senior, texto tomado de sus experiencias en Filipinas.

La palabra **bautismo** proviene del griego y significa hundirse o sumergirse. Dichas palabras sugieren el uso de agua, un símbolo importante en el sacramento del Bautismo. En la historia antes referida, los catecúmenos estaban de hecho sumergidos en el río, inmersos en el agua. Luego salían del otro lado del río en donde los estaban esperando y donde les daba la bienvenida la comunidad de los creyentes. Y aunque los Tubolis viven del otro lado del mundo, su experiencia del sacramento del Bautismo no es muy diferente de la de nuestros catecúmenos que entran a formar parte de la Iglesia la noche del Sábado Santo.

En ambas celebraciones, la luz del fuego elimina la obscuridad, lo cual es un símbolo convincente de la presencia de Cristo. El Bautismo utiliza los símbolos del agua y del aceite. Ambas experiencias implican también la presencia activa de la comunidad de creyentes ya bautizados, la cual es testigo de este momento tan importante y acoge en su interior a los nuevos bautizados.

- *¿Qué es lo que más te emociona del Bautismo?*
- *¿Qué es lo que más te preocupa?*

¿Qué es el sacramento del Bautismo?

Jesús llamó "bautismo" a su muerte y a su resurrección: "Con un bautismo tengo que ser bautizado y ¡qué angustiado estoy hasta que se cumpla!"

Lucas 12:50

El **Catecismo** nos dice más sobre el sacramento del Bautismo y nos ayuda a entender las palabras de Jesús. La inmersión del catecúmeno en las aguas del Bautismo simboliza su sepultura en la muerte

CIC 1084, 1087, 1113–34, 1210–16, 1420–21, 1533–35

de Cristo. Conforme el catecúmeno resurge de las aguas, resurge también con Cristo, como una "nueva creatura" (*CIC* 1214). Si bien el gesto se ha simplificado, el simbolismo sigue siendo el mismo aun cuando ahora solo se derrama agua sobre la cabeza del catecúmeno.

Quizá es san Gregorio Nacianceno quien hace la descripción más bella del sacramento del Bautismo:

> *"El Bautismo es el más bello y magnífico de los dones de Dios (...) lo llamamos don, gracia, unción, iluminación, vestidura de incorruptibilidad, baño de regeneración, sello y todo lo más precioso que hay. Don, porque es conferido a los que no aportan nada; (...) sello, porque nos guarda y es el signo de la soberanía de Dios".*
>
> CIC *1216*

En su Carta a los Romanos, san Pablo dice:

"Y si hemos muerto con Cristo, creemos que también viviremos con él, sabiendo que Cristo, una vez resucitado de entre los muertos, ya no muere más, y que la muerte no tiene ya señorío sobre él. Su muerte fue un morir al pecado, de una vez para siempre; mas su vida es un vivir para Dios. Así también ustedes considérense como muertos al pecado y vivos para Dios en Cristo Jesús" (Romanos 6:9–11).

San Pablo nos dice que debemos ser imitadores de Cristo, que debemos actuar como Cristo lo haría. Más que un simple ritual, el Bautismo marca el inicio de una relación profunda con el Señor resucitado.

La persona bautizada vive "en Cristo". Como cristianos, debemos escoger llevar vidas buenas y llenas de amor al prójimo. Esto no es fácil. Tendremos nuestras propias cruces. Seremos tentados por el pecado. Incluso más, tendremos que optar por actuar virtuosamente, como Jesús quiere que lo hagamos. No hay atajos para poder resucitar con Cristo.

Si bien no hay magia, es un hecho que somos fortalecidos por el Espíritu Santo, cuyo poder Dios nos promete en el momento de nuestro Bautismo. Cuando una persona es bautizada entra en Cristo. Eso significa también que recibe el don del Espíritu.

> *En efecto, todos los que se dejan guiar por el Espíritu de Dios son hijos de Dios. Y ustedes no han recibido un espíritu de esclavos para recaer en el temor, antes bien han recibido un espíritu de hijos adoptivos que nos hace exclamar: ¡Abbá, Padre! El Espíritu mismo se une a nuestro espíritu para dar testimonio de que somos hijos de Dios, y, si hijos, también herederos: herederos de Dios y coherederos de Cristo, si compartimos sus sufrimientos, para ser con él glorificados.*
>
> *Romanos 8:14–17*

El Bautismo: ¿asunto privado o comunitario?

Para los cristianos, la comunidad siempre ha sido una parte importante, quizá incluso la parte más importante. Desde el mismísimo inicio, Dios sabía que las buenas relaciones entre los seres humanos iban a ser esenciales para la felicidad. Si bien puede suceder que algunas cosas nos causen placer, también es verdad que no pueden darnos una felicidad duradera. La verdadera felicidad humana viene solo de las buenas relaciones con otros.

- *Piensa en tus relaciones con los demás. Cuando estás en paz con tus papás, ¿te sientes en paz contigo mismo? Cuando te sientes cercano a tus amigos, ¿sientes mayor alegría?*

Por esta razón, los cristianos siempre han dado gran importancia a la comunidad de Cristo. Cristo es el centro y la comunidad se construye alrededor de él. Por el Bautismo, nos convertimos en miembros del Cuerpo de Cristo. Comenzamos a participar en los privilegios y en la vida de esta comunidad de creyentes.

Aunque muchos católicos tienden todavía a considerar el Bautismo como un hecho familiar y privado, es también un sacramento que afecta a toda la comunidad de fe. Cuando asistimos a un bautismo, también nuestra fe se fortalece y se renueva. Cada nuevo bautizado aporta una belleza única y muchos dones especiales al Cuerpo de Cristo.

Jornada de Fe

CATECUMENADO C4

ADOLESCENTES

En breve:

- La Confirmación nos hace discípulos y testigos.
- La importancia de elegir tu padrino y tu nombre de Confirmación.
- La Confirmación requiere muchos gestos y símbolos.

El sacramento de la Confirmación

¿Cómo crees que se sentían los discípulos durante los días que siguieron a la crucifixión y muerte de Jesús?

Seguro se sentían abrumados de dolor; el hombre que los había amado y dirigido, el hombre que había lavado sus pies, que había compartido los alimentos con ellos y que les había enseñado tantas cosas, ahora ya no estaba con ellos. Sin duda estarían muy confundidos y dudando de su propia misión. San Juan dice que estaban tan asustados que "las puertas de donde se encontraban estaban cerradas por miedo a los judíos" (cfr. Juan 20:19). Estos sentimientos de tristeza, desaliento, confusión y miedo son algo que a todos nos ha sucedido.

Pero Jesús no abandonó a sus amigos. Les prometió que les daría el valor que necesitaban para afrontar cualquier miedo relacionado con servirlo a él. "Al contrario, ustedes recibirán una fuerza, cuando el Espíritu Santo venga sobre ustedes, y de este modo serán mis testigos en Jerusalén, en toda Judea y Samaría, y hasta los confines de la tierra" (Hechos 1:8). Era una promesa hecha por Jesús que ¡obviamente cumplió!

De inmediato los discípulos salieron y comenzaron a predicar la Buena Nueva, su miedo y su tristeza habían desaparecido.

- *Piensa en alguien que te haya ayudado en un momento en que no lo esperabas. ¿Cómo te sentiste?*

El sacramento de la Confirmación nos brinda esos dones del Espíritu Santo, De la misma manera que los primeros discípulos, *nosotros* también recibimos el valor para llevar la Buena Nueva a nuestro mundo. Jesús continúa cumpliendo su promesa de enviar al Espíritu Santo a través del sacramento de la Confirmación.

> *"Al llegar el día de Pentecostés estaban todos reunidos con un mismo objetivo. De repente vino del cielo un ruido como una impetuosa ráfaga de viento que llenó toda la casa en la que se encontraban. Se les aparecieron unas lenguas como de fuego que se repartieron y se posaron sobre cada uno de ellos; se llenaron todos de Espíritu Santo y se pusieron a hablar en diversas lenguas según el Espíritu les concedió expresarse".*
>
> *Hechos 2:1–4*

Los sacramentos del Bautismo, de la Confirmación y de la Eucaristía se llaman sacramentos de iniciación. Estos tres sacramentos ponen los cimientos de toda la vida cristiana. Por el Bautismo nacemos de nuevo, por la Confirmación quedamos fortalecidos y con la Eucaristía recibimos el alimento de vida eterna (*CIC* 1212).

Debido a la relación tan cercana entre el Bautismo y la Confirmación, los primeros cristianos solían celebrar estos dos sacramentos en el mismo rito, a pesar de que el Nuevo Testamento ofrece razones suficientes para hacer dos ceremonias distintas. (ver Hechos 8:15, Hechos 19:1–7, and Hebreos 6:2.)

CIC 1285–1321

Aunque el Espíritu Santo se nos da en el Bautismo y en la Confirmación, la función u obra del Espíritu es diferente en cada uno de ellos. En el Bautismo, nos convertimos en miembros del Cuerpo de Cristo y en la Confirmación recibimos el poder de Dios para dar fruto en nuestra vida como cristianos. Los dones del Espíritu Santo nos fortalecen para vivir como Jesús nos enseñó. Por nuestro amor, la Iglesia, Cuerpo de Cristo, se va construyendo.

Existe otra forma de ver la relación entre el Bautismo y la Confirmación. Cuando nace un bebé, él tiene la capacidad para convertirse en un adulto activo y productivo, sin embargo, necesita tiempo para madurar, desarrollarse y crecer. El bebé es como el cristiano recién bautizado. El cristiano no se convierte de la noche a la mañana en perfecto imitador de Cristo. El potencial está ahí ciertamente, pero el cristiano todavía necesita tiempo para madurar espiritualmente. Los dones del Espíritu Santo que se reciben en la Confirmación nos dan la guía y nos fortalecen para recorrer nuestra jornada de fe.

La palabra *confirmación* significa "fortalecimiento". El Espíritu Santo viene y fortalece aquellos dones que recibimos en el Bautismo. Él nos ayuda a madurar espiritualmente para que podamos vivir vidas plenamente cristianas. Sin embargo, la Confirmación no es algo mágico. No hay atajos para llegar al cielo. Los sacramentos requieren nuestra respuesta en forma de **testimonio** o acción cristiana. En la Confirmación, Dios nos ofrece los dones del Espíritu Santo, los cuales nos fortalecen. Sin embargo, depende de nosotros tomar la decisión de aceptar dichos dones y usarlos del mejor modo posible.

Testimoniar significa "dar fe de la verdad", a costa incluso de nuestra propia vida.

Dado que el crecimiento y la madurez cristiana conllevan una mayor responsabilidad ante quienes nos rodean, la Confirmación es también llamada "el sacramento del testimonio cristiano" o "el sacramento de la acción social". A menudo, la preparación para este sacramento incluye un proyecto de servicio u otra actividad que se centra en la acción cristiana al servicio de la comunidad.

El fortalecimiento y la madurez espiritual que ganamos con la Confirmación no son exclusivamente para nuestro beneficio personal. Los recibimos a través del Espíritu Santo para poder contribuir a la vida de la Iglesia y de nuestro mundo.

- *¿Qué dones o talentos posees con los que podrías hacer del mundo un lugar mejor y más feliz?*

¿Cómo se celebra este sacramento?

El sacramento de la Confirmación se recibe por la imposición de las manos, seguida de la unción con el **crisma** mientras se traza la señal de la cruz en la frente del confirmando. El crisma es un óleo consagrado por el obispo. Representa los dones del Espíritu Santo (*CIC* 1241). Es símbolo de fortaleza y su perfume es símbolo del "buen olor" de Cristo, que todo cristiano debe difundir.

La imposición de las manos es un acto importante que se encuentra en la Biblia. A través de él se invoca al Espíritu Santo para que descienda sobre una persona. En los Evangelios, Jesús sanó a mucha gente con solo tocarla. Por ello, es lógico que el poder del Espíritu se transmita a través del acto de tocar a alguien—como sucede con la imposición de las manos y la petición de los dones del Espíritu Santo.

La unción es otro acto importante. Las palabras *Mesías* y *Cristo* significan "ungido". Los israelitas ungían a los sacerdotes y, más tarde, a los reyes como señal de que habían sido elegidos por Dios. Así como estos sacerdotes y reyes, tú también fuiste elegido por Dios. Y como ellos, también serás ungido o elegido con un propósito.

Mientras te ungen, el ministro del sacramento dirá estas palabras: *Recibe el sello del don del Espíritu Santo.*

Normalmente es el obispo, el líder de una gran comunidad de la Iglesia, quien administra este sacramento. El obispo es testigo de la recepción de cada nuevo cristiano y de su iniciación en la comunidad de los creyentes, la cual se extiende por todo el mundo.

Jornada de Fe

CATECUMENADO C5

En breve:

- La Eucaristía en las Escrituras.
- Descubrir la presencia real de Jesús en la Eucaristía.
- Oír la llamada a imitar a Cristo.

El sacramento de la Eucaristía

Imagina que en un día de verano tus papás te dan permiso de organizar una carne asada en tu jardín.

Tus mejores amigos son los primeros en llegar. Te ayudan a preparar el asador y las bebidas. Además, están esperando con ansia a que llegue el resto de los invitados para que arranque una noche inolvidable. Pero cuando suena el timbre, puedes ver a tus amigos confundidos. Resulta que no llegaron los amigos de siempre, sino los que tú y tus amigos suelen ignorar. Pasa primero el muchacho que se metió en líos por usar drogas. Luego la adolescente cuya familia vive en la parte pobre de la ciudad. Tras ellos pasan los niños que no encajan en ningún lado, esos a los que todos evitan y de los que uno se burla.

Tú saludas a cada uno afectuosamente, a todos les das un apretón de manos junto con algo de beber. Se los presentas a tus papás y amigos. Luego los invitas a tomar asiento y a disfrutar la comida.

Todo esto suena extraño y sin embargo es exactamente lo que hizo Jesús en su ministerio.

> *"...Por este sacramento nos unimos a Cristo que nos hace partícipes de su Cuerpo y de su Sangre para formar un solo cuerpo".*
>
> CIC *1331*

- *¿Cómo reaccionarían tus mejores amigos y tus padres en una situación como esa?*
- *¿Crees que todas estas reacciones podrían cambiar conforme avanzara la reunión y la gente se empezara a conocer?*

Es parte de nuestra naturaleza querer pertenecer a un grupo de gente cuyos valores e intereses compartamos. Desafortunadamente, es parte de nuestra naturaleza también hacer a un lado a quienes percibimos diferentes o a aquellos cuyo comportamiento consideramos inaceptable. Algunas veces excluimos a los demás solo porque nos hace sentir mejor con nosotros mismos. Todos queremos estar "*in*", nadie quiere estar "*out*". Estas conductas eran parte también de la cultura que rodeaba a Jesús cuando predicaba en esta tierra.

A diferencia de otros de su tiempo, Jesús disfrutaba conviviendo en la mesa con quien quisiera comer con él. No solo comía con sus seguidores de siempre y con sus mejores amigos (sencillos pescadores iletrados de Galilea), sino también con los tan despreciados recaudadores de impuestos y los considerados pecadores.

Cientos de años de tradición habían dotado de gran importancia religiosa y social a las comidas formales de los judíos. Los judíos de aquella época de hecho creían que tan solo comer con pecadores, sobre todo si eran no judíos, ofendía a Dios. La decisión de Jesús de aceptar a los rechazados por la comunidad comiendo con ellos, escandalizaba a los judíos de su tiempo. Quizá se habrían ofendido mucho menos si Jesús se hubiera auto excluido también.

> *"Estando él a la mesa en casa de Leví, muchos publicanos y pecadores estaban a la mesa con Jesús y sus discípulos, pues eran muchos los que le seguían".*
>
> *Marcos 2:15*

ADOLESCENTES

¿Qué nos dice Jesús atravez de sus acciones?

Por muchísimo tiempo el pueblo judío había creído que Dios estaba de su lado. Esta creencia los sostuvo durante muchos siglos de lucha. Luego apareció Jesús, afirmando que Dios también estaba del lado de los rechazados y de los no-judíos. A través de sus palabras y acciones, Jesús hizo saber a su pueblo que estaba equivocado al creer que Dios también rechazaba a quienes ellos rechazaban.

La compañía en la mesa, algo muy importante en la cultura judía del tiempo de Jesús, era algo más que sentarse y tomar un bocado con alguien. Las comidas eran un acto muy relevante. Sentarse y comer con alguien significaba que había una relación de confianza y cercanía con aquella persona. Al compartir la mesa con gente condenada por los judíos, Jesús predicaba el perdón de los pecados y ofrecía un nuevo modelo de relación con Dios y con los demás. Como es obvio, Jesús comió con los rechazados no solo porque los amaba, sino también porque quería que entendiéramos la naturaleza del Reino de Dios. Dios no quiere la salvación y la felicidad eternas solo para un grupo. El amor de Dios es para todos y es misión nuestra llevar esta Buena Nueva hasta los confines de la tierra.

- *Busca en el Evangelio algunos pasajes en que Jesús comparte la mesa con pecadores, ¿qué puedes aprender en ellos?*

La Eucaristía como alimento

Jesús aprovechó esta característica de las comidas judías cuando se despidió de sus amigos con una cena: la Última Cena.Durante ella, Jesús dijo a sus seguidores más amados: "*Este es mi cuerpo…Esta es mi sangre*" (Mateo 26:26–30).

Con la acción de partir el pan, Jesús daba un mensaje sobre la Nueva Alianza y sobre el perdón de Dios. También hacía alusión al terrible precio que habría de pagar para que nosotros pudiéramos vivir.

Esta cena contenía un mensaje muy importante para los discípulos. Si escuchaban las palabras de Jesús y entendían sus acciones; si tenían la generosidad suficiente como para vivir el mensaje de Jesús, entonces —al igual que este— estarían listos para dar sus vidas por otros cuando fuera necesario.

La Eucaristía como sacrificio

La Iglesia enseña que la Eucaristía es alimento y sacrificio. Hemos tratado de entender cómo para Jesús y para la cultura de su tiempo compartir los alimentos era algo muy importante. Necesitamos tratar de entender el significado que el sacrificio tenía en tiempos bíblicos.

Aunque ya no ofrecemos sacrificios como en la antigüedad, en tiempos de Jesús las familias judías ofrecían **sacrificios** a Dios. Estas ofrendas se relacionaban normalmente con la vida, como la representaba un animal vivo o los frutos de la cosecha. Cuando la ofrenda era algo vivo, la gente se ofrecía a sí misma internamente. Ofrecían sus vidas para servicio de Dios. La parte más importante del sacrificio era la que hacían las personas con su mente y corazón, eso es, cuando ofrecían sus vidas a Dios.

La comunidad cristiana siempre ha creído que la muerte de Jesús en la cruz fue el más grande de los sacrificios. Esto se debe no tanto al acto material en sí, sino a las disposiciones internas con que Jesús se ofreció. Jesús hizo algo que los seres humanos no consiguieron hacer: convertirse él mismo en ofrenda.

Si bien la Misa nos recuerda la ofrenda que Jesús hizo de sí mismo por amor a nosotros, no es un mero intento de revivir antiguos sacrificios, ni siquiera la ejecución de Jesús. Cristo, nuestro Señor, murió una sola vez; no morirá nunca más (Romanos 6:9–10).

Por el contrario, en la Misa, al celebrar esta comida familiar, se nos ofrece una vez más la oportunidad de dedicar nuestras vidas completamente a Dios y a los demás, exactamente de la misma forma en que Jesús lo hizo cuando murió en la cruz. Nuestra ofrenda es nuestra propia libre voluntad, unida al acto de voluntad definitivo de Jesús.

> *"Fiel a la orden del Señor, la Iglesia continúa haciendo, en memoria de Él, hasta su retorno glorioso, lo que Él hizo la víspera de su pasión".*
>
> *CIC 1333*

En breve:

- El hombre o la mujer no pueden ocultarle su pecado a Dios.
- El pecado tiene consecuencias que van más allá de quien lo comete.
- Encontramos fundamentos para el sacramento de la Penitencia en la Escritura.
- El sacramento requiere diversos pasos.

El sacramento de la Penitencia y de la Reconciliación

Elizabeth y Allison habían sido buenas amigas desde 6° grado. En su primero año de preparatoria aún seguían compartiéndolo todo y se apoyaban mutuamente.

Una noche, fueron al cine junto con otros amigos. Les avisaron a sus padres a dónde iban, la película que iban a ver y quiénes iban; pero cuando llegaron al cine, todos los demás decidieron ir a ver otra película, una que tanto Elizabeth como Allison sabían que sus papás no les dejarían ver. Se sentían incómodas, pero se dijeron a sí mismas que no era para tanto. Después de todo, no es que les estuvieran mintiendo a sus papás.

Al día siguiente las chicas hablaban al respecto, discutían sobre qué les iban a decir a sus papás. Estaban molestas entre sí. Parecía faltar algo especial que solía estar en su relación. Ambas se sentían distanciadas entre sí y de sus padres. Había un sentimiento de separación y soledad en su interior.

- *¿Por qué una mala decisión parecía algo tan grande cuando en realidad era algo tan pequeño?*

Este ejemplo muestra cómo una decisión menor puede repercutir en otras cosas. La decisión de Elizabeth y Allison de mentir a sus padres se convirtió en algo que las alejó entre sí, dañando así su relación y la relación con sus papás. Esta decisión menor que tuvo consecuencias mayores, puede servir para recordar el relato de la creación en el Génesis. Al inicio, Adán y Eva vivían en armonía y paz con ellos mismos, con los demás, con la creación y con Dios. Luego, la serpiente —símbolo del deseo egoísta y de la tentación— entró al Jardín del Edén y Adán y Eva pecaron. En Génesis 3, vemos el dolor y el distanciamiento que experimentaron tras desobedecer a Dios.

> *"El pecado es una ofensa a Dios (...) El pecado se levanta contra el amor que Dios nos tiene y aparta de Él nuestros corazones".*
>
> CIC *1850*

Alienación de uno mismo

La palabra *alienación* significa "sentimiento de separación o distancia". Génesis 3:7 nos dice que después de que Adán y Eva pecaron, experimentaron sentimientos de vergüenza y culpa por primera vez. Perdieron el respeto por ellos mismos. De repente se dieron cuenta de su propia desnudez, de sus imperfecciones y de su lado egoísta. Los sentimientos de apertura y confianza fueron reemplazados por los de vergüenza.

Alienación de Dios

El Génesis 3:8 continúa diciéndonos "y el hombre y su mujer se ocultaron de la vista de YHWH Dios". La confianza y la cercanía que había sido parte de su relación con Dios fueron reemplazadas por el miedo y el distanciamiento.

A menudo, cuando pecamos, pensamos que Dios debe estar molesto con nosotros. Nos distanciamos de Dios, pensando que somos indignos de su amor. Es importante para nosotros recordar que no nos ganamos (de hecho no podemos ganarnos) el amor de Dios. El amor de Dios es incondicional. Dios nos ama por ser quienes somos, no por lo que hacemos o dejamos de hacer.

Alienación de la comunidad

> *"La mujer que me diste por compañera me dio del árbol y comí".*
>
> *Génesis 3:12*

Adán trató de culpar a Eva por llevarlo a la desobediencia, de la misma manera que Eva culpó a la serpiente. Como resultado, Adán y Eva sintieron gran tensión y coraje el uno hacia el otro. Nosotros experimentamos ese egoísmo en nosotros y en los demás. No queremos juntarnos con la gente egoísta, pues es difícil confiar en la gente que solo se preocupa de sí misma. Esta es la razón por la que el pecado afecta poco a poco a la gente cercana a nosotros. Provoca problemas y divisiones.

- *¿De qué manera el comportamiento deshonesto de Allison y Elizabeth afectó a su relación? ¿y a la relación con sus padres? ¿y a su relación con Dios?*
- *¿Hay manera de reparar el daño? ¿Qué harías tú?*

¿Qué es el pecado?

Dios y la Iglesia enseñan que ciertos comportamientos son pecaminosos porque rompen o destruyen nuestro crecimiento como seres humanos y como seres espirituales. Cuando intencionalmente hacemos algo incorrecto, nos perdemos el respeto a nosotros mismos. Perdemos la fe en nosotros mismos. Nuestra autoestima sufre porque nos vemos como menos valiosos y menos dignos. Los primeros cristianos entendieron el pecado como "no dar en el blanco". En otras palabras, con ciertas acciones, palabras o pensamientos perdemos nuestro potencial.

Dios nos ama sin importar lo que hagamos. La Biblia nos relata cómo una y otra vez Jesús se preocupa por la oveja perdida. Con todo, cuando actuamos de manera que lastimamos a los demás o nos degradamos a nosotros mismos, se vuelve más difícil que nos amemos, que amemos a los demás y que amemos a Dios. También se nos dificulta más aceptar el amor de Dios y de los demás.

A menudo, cuando estamos lastimados o nos sentimos mal con nosotros mismos, nos alejamos y nos resistimos al amor. Cuando no podemos aceptar el amor que Dios y los demás nos ofrecen, nos cerramos a todo auxilio espiritual. En este estado, quedamos muy necesitados de **reconciliación**, de volver a la armonía con Dios, con los demás y con nosotros mismos.

> *"El fin y el efecto de este sacramento son, pues, la reconciliación con Dios. En los que reciben el sacramento de la Penitencia con un corazón contrito y con una disposición religiosa, 'tiene como resultado la paz y la tranquilidad de la conciencia, a las que acompaña un profundo consuelo espiritual'".*
>
> CIC *1468*

¿Qué pensaba Jesús del pecado?

La Reconciliación incluye un cambio de corazón, el perdón del pecado y la reconstrucción de la relación. Era importante en el ministerio de Jesús, quien constantemente llamaba al pueblo al arrepentimiento y la sinceridad, el dolor auténtico por los pecados. Nos dice: "porque no he venido a llamar a justos sino a pecadores" (Mateo 9:13). Jesús quiere que vivamos en paz con nosotros y con los demás.

El ministerio de Jesús deja claro que la sanación y la misericordia de Dios se nos comunican de manera muy humana y visible. Tómate un momento para leer la historia del Hijo pródigo (Lucas 15:11–24). Ten en mente que, en tiempos de Jesús, era indigno y rarísimo que un anciano corriera; con todo y eso, este padre atraviesa sus terrenos para abrazar a su hijo.

La primera comunidad cristiana creía que Jesús le había dado a la Iglesia el poder para perdonar los pecados. "Sopló y les dijo: 'reciban el Espíritu Santo. A quienes perdonen los pecados, les quedan perdonados; a quienes se los retengan, les quedan retenidos'" (Juan 20:22–23).

En la Iglesia de los inicios, la Reconciliación tenía lugar en la participación en la Eucaristía (ver Mateo 26:28), en la Unción de los enfermos (ver Santiago 5:14–15), en las obras de caridad y de ayuno (ver Lucas 7:47 y Mateo 6:16), y en la corrección mutua por amor (ver Mateo 18:15–20 y 2 Tesalonicenses 3:14–15).

- *¿Qué te dice esta historia respecto del amor de Dios?*
- *¿Cuándo inició en la Iglesia el ministerio de la Reconciliación?*

Jornada de Fe

En breve:

- La Unción brota del ministerio sanador de Jesús.
- El sacramento sigue unos pasos básicos.
- El sacramento es más que simplemente "los últimos ritos" o la preparación para morir.

El sacramento de la Unción de los enfermos

Cuando Diana se enteró, gracias a su párroco, el padre José, de que su parroquia iba a estar ofreciendo el sacramento de la Unción de los enfermos durante las Misas dominicales, se volvió a sentir esperanzada por primera vez después de muchas semanas. Su mamá había estado luchando contra el cáncer por cerca de un año y los complicados tratamientos de quimioterapia no habían logrado gran cosa.

Durante todo el tiempo que había visto sufrir a su madre, Diana tuvo que atravesar períodos en los que dudó del amor de Dios y de su existencia. A pesar de ello se aferró a su fe con la esperanza de que de alguna manera habría de superar esos días llenos de dolor.

Estuvo con su mamá durante la liturgia del domingo y durante la unción. Su mamá también estaba ansiosa de recibir el sacramento. Pero antes de la unción, el padre José quiso decirle a la comunidad algo importante.

Dijo que el sacramento de la Unción de los enfermos no tenía tanto que ver con *curar* como con *sanar*. Curar a una persona es vencer una enfermedad y reparar el cuerpo; sanar es hacer que el espíritu de una persona respire vida y esperanza. Si bien es importante rezar continuamente para alcanzar la curación, la salvación espiritual está más relacionada con la alegría y con la paz interior de una persona. Sanar da a la persona poder sobre la enfermedad e incluso sobre la muerte.

Al inicio, Diana se sintió desilusionada. ¡Ella quería que su mamá se curara! Pero las semanas siguientes a la unción, Diana comenzó a entender.

Ella y su madre se enfocaron menos en la enfermedad y más en su relación. Se sintieron libres de compartir y de rezar de una forma en la que nunca lo habían hecho antes. Empezaron a sentirse en paz como nunca se habían sentido. En muchas ocasiones, en los meses previos a la muerte de su madre, Diana sintió una cercanía especial con su madre y su madre se sintió en paz con la enfermedad. Diana pensó para sí: *"Esto solamente puede ser obra del Espíritu"*.

La salud física y la salud espiritual

> *"La enfermedad y el sufrimiento se han contado siempre entre los problemas más graves que aquejan la vida humana. En la enfermedad, el hombre experimenta su impotencia, sus límites y su finitud… Puede también hacer a la persona más madura, ayudarla a discernir en su vida lo que no es esencial para volverse hacia lo que lo es".*
>
> CIC *1500–1501*

La gente que vivió en tiempos de Jesús veía una relación estrecha entre el alma y el cuerpo. Jesús veía una relación igualmente estrecha entre salud y enfermedad. Le preocupaba tanto la salud física de las personas como su salud espiritual. De hecho, la palabra *salvación* viene de la palabra latina *salus*, que significa "salud."Jesús, para anunciar la Buena Nueva de salvación, declaraba que a Dios no solo le importaban nuestras almas, sino también nuestros cuerpos. Al sanar los cuerpos de las personas a la vez que sus almas, Jesús nos demostraba que todo el ser humano es tocado por la salvación de Dios.

Jesús a menudo curó las dolencias físicas de la gente como símbolo de la sanación espiritual que tenía lugar en sus corazones. El mundo antiguo parecía saber lo que los científicos de la actualidad están redescubriendo: que el bienestar físico y el espiritual están íntimamente relacionados.

Jesús comparte su ministerio de sanación

- *¿Has descubierto alguna relación entre tu salud física y tu salud espiritual? ¿Cuál?*
- *¿Crees tú que tener una fe sólida hace más fáciles las batallas en el campo físico? ¿Por qué sí o por qué no?*

El Evangelio deja claro que Jesús compartía su ministerio sanador con los apóstoles: "Expulsaban a muchos demonios, y ungían con aceite a muchos enfermos y los curaban" (Marcos 6:13).

Santiago 5:14-15 nos dice: "¿Está enfermo alguno entre ustedes? Llame a los presbíteros de la Iglesia, que oren sobre él y le unjan con óleo en nombre del Señor. Y la oración de la fe salvará al enfermo, y el Señor hará que se levante, y si hubiera cometido pecados, le serán perdonados". Este pasaje de la Escritura nos dice que el ministerio de sanación estaba muy vivo y activo en la Iglesia primitiva. De nuevo, vemos la clara relación que existe entre el cuerpo y el espíritu . También aprendemos la importancia de saber que nuestros pecados están perdonados, especialmente de cara a una enfermedad seria o a la muerte. El poder destructivo del pecado, que es grande, se convierte también en una fuerza sanadora extraordinaria.

Lee los siguientes pasajes que nos hablan de Jesús sanador. ¿Qué es lo que más te llama la atención? ¿Qué te dicen respecto del ministerio de sanación de Jesús?

Mateo 9:20–22

Marcos 2:8–12

Lucas 17:12–16

Juan 9:6–11

¿Cómo se celebra hoy en día la Unción de los enfermos?

> *"Esta unción santa de los enfermos fue instituida por Cristo nuestro Señor como un sacramento del Nuevo Testamento, verdadero y propiamente dicho, insinuado por Marcos (cf. Mc 6,13), y recomendado a los fieles y promulgado por Santiago, apóstol y hermano del Señor".*
>
> CIC *1511*

El rito de este sacramento (las palabras y formas que acompañan al sacramento) comienza con una Liturgia de la Palabra a fin de que todos los que se han reunido sean fortalecidos e instruidos por los pasajes de la Escritura elegidos especialmente para esta celebración.

Después viene la imposición de las manos, un gesto cristiano muy antiguo. Tanto en el Antiguo Testamento como en el Nuevo, la imposición de las manos simboliza y concede una gracia especial de parte del Espíritu Santo. De esta manera, se muestra el cuidado particular y personal que tiene el Espíritu Santo por cada uno de los enfermos. En el rito actual el celebrante impone en silencio las manos sobre la cabeza de aquellos que han sido ungidos.

Luego se bendice el aceite. El aceite es un símbolo bíblico lleno de significado. En el mundo antiguo, era usado por los atletas antes de una competencia. Era también el combustible que servía para iluminar el hogar o para mantener encendidas las lámparas de aceite en el templo de Jerusalén. En el desierto, el aceite daba alivio contra el viento que resecaba la piel.

El aceite, símbolo de cómo el Espíritu Santo permea el espíritu humano, nos ayuda a entender lo que sucede durante la Unción de los enfermos. Después de haber colocado aceite en la piel, este es absorbido por el cuerpo, de la misma forma que el Espíritu Santo penetra en el corazón de la persona enferma para ayudarla a ser más consciente del poder sanador de Dios y para que se abra a él.

Jornada de Fe

C8 CATECUMENADO

ADOLESCENTES

En breve:

- El matrimonio refleja el misterio pascual.
- El matrimonio refleja el amor de la Trinidad.
- El matrimonio tiene muchas características espirituales.

El sacramento del Matrimonio

Melanie nunca lo habría admitido, pera la verdad era que tenía envidia de su hermana Kim. Kim y su novio, Miguel, se acababan de casar. Incluso después de su primer año de matrimonio, Kim y Miguel se comportaban como lo hacían cuando empezaban a salir juntos. Amaban pasar tiempo juntos y siempre se apoyaban mutuamente. Cuando Melanie le preguntó a su hermana cómo había descubierto que Miguel era la persona con la que tenía que casarse, Kim dijo que fue cuando se dio cuenta de que él era su mejor amigo y su compañero en las buenas y en las malas.

Los abuelos de Antonio habían estado casados por 52 años. Pero los últimos años habían sido los más difíciles. El abuelo había comenzado a olvidar cosas y no podía cuidarse a sí mismo. Con todo, la abuela lo siguió tratando como si nada hubiera cambiado. "Lo amé y lo sigo amando", solía decir. Antonio se preguntaba si sería capaz de hacer eso, entregarse completa y desinteresadamente a alguien por amor.

- *¿Qué te dicen estas historias sobre el matrimonio?*
- *¿Qué es para ti el amor?*

Ambas parejas viven el sacramento del Matrimonio. El concepto católico de matrimonio cristiano es más que haber celebrado una boda en la iglesia. El matrimonio cristiano es una relación de amor que da la vida. Es una relación en la que dos hacen presente el amor de Cristo a quienes les rodean. En el matrimonio, la relación de la pareja es el sacramento que permanece en el tiempo y que revela el amor de Dios por nosotros.

> *"Toda la vida cristiana está marcada por el amor esponsal de Cristo y de la Iglesia… Puesto que es signo y comunicación de la gracia, el matrimonio entre bautizados es un verdadero sacramento de la Nueva Alianza".*
>
> CIC *1617*

¿Qué dijo Jesús sobre el matrimonio?

> *"Maridos, amen a sus mujeres como Cristo amó a su Iglesia y se entregó a sí mismo por ella".*
>
> *Efesios 5:25*

Jesús nos mostró de diversas maneras su designio divino sobre el matrimonio. Nació en una familia humana, lo cual es un signo de la importancia y de la santidad de la vida ordinaria en familia (Lucas 2). Obró su primer milagro en una boda en Caná (Juan 2:1–11), lo cual es una prueba de que el amor entre el esposo y la esposa debe celebrarse. Enseñó que el amor esponsal debe ser fiel (Mateo 5:27–28). Proclamó que el verdadero amor esponsal debe durar para siempre (Marcos 10:6–9).

Elige uno o dos de los pasajes de la Escritura que aparecen abajo y lee, escribe o comenta en común lo que enseña sobre el matrimonio.

Lucas 2:41–52 Juan 2:1–12

Mateo 5:27–30 Marcos 10:6–9

Efesios 5:22–30

¿Qué enseña la Iglesia sobre el matrimonio?

El matrimonio como sacramento no lo inventó la Iglesia. Jesús lo vio así a lo largo de todo su ministerio. De hecho, el primer milagro que Jesús obró fue convertir el agua en vino en una boda (Juan 2:1–12). Este acto es más que solo el inicio de la vida pública de Jesús. La Iglesia "Ve en ella la confirmación de la bondad del matrimonio y el anuncio de que en adelante el matrimonio será un signo eficaz de la presencia de Cristo" (*CIC* 1613).

La manera en que celebramos las bodas ha cambiado a lo largo de los siglos, pero el fundamento del sacramento del Matrimonio sigue siendo el mismo. Cuando Jesús dijo "Lo que Dios unió no lo separe el hombre" (Mateo 19:6), lo que quería decir era que el matrimonio sacramental forma un vínculo indisoluble, que refleja el vínculo indisoluble entre Jesús y la Iglesia (*CIC* 1615).

> *"[Jesús] da la fuerza y la gracia para vivir el matrimonio en la dimensión nueva del Reino de Dios. Siguiendo a Cristo, renunciando a sí mismos, tomando sobre sí sus cruces (cf. Mt 8,34), los esposos podrán 'comprender' (cf. Mt 19,11) el sentido original del matrimonio y vivirlo con la ayuda de Cristo".*
>
> CIC *1615*

Vivir el matrimonio como sacramento significa que el esposo y la esposa se vuelven signo del amor de Cristo para el otro y para todas las personas con que conviven. Todas las relaciones pasan por dificultades. Con el pasar de las semanas y de los meses y de los años de matrimonio, hay muchas oportunidades para aprender a aceptar, a ser tolerante y especialmente a perdonar. Por ello es importante conocer la diferencia entre "romance" y "amor", pues el matrimonio se apoya en este último. Puede suceder que no siempre nos sintamos enamorados del otro, pero el matrimonio pide que los esposos elijan siempre amarse el uno al otro.

Cuando las parejas casadas permanecen fieles al amor mutuo en tiempos de dificultad y dolor, se acercan más a Cristo y muestran el amor siempre fiel de Cristo a los demás. Por ello decimos que el Matrimonio es un sacramento que se está realizando permanentemente. Para subrayar la importancia de esta relación, el esposo y la esposa juegan el papel de ministros de este sacramento; el sacerdote solo está presente como testigo.

¿Son sacramentales los matrimonios protestantes?

Cuando decimos que algo es sacramental, queremos decir que es signo de Cristo. La Iglesia Católica cree que un matrimonio entre dos cristianos bautizados es sacramental, signo del amor de Cristo vivo en este mundo, incluso si no se casaron por la Iglesia Católica. La Iglesia enseña también que el matrimonio entre dos protestantes no debe romperse por el divorcio, dígase lo mismo para el matrimonio entre dos católicos, debido a que ambas uniones son consideradas sagradas y sacramentales. Cuando es un católico quien se casa con un cristiano no-católico será indispensable —para que el matrimonio sea válido— que la celebración del mismo se haga bajo la forma católica o que el católico obtenga la dispensa de dicho requerimiento antes de casarse fuera de la forma católica del sacramento.

- *¿Por qué crees que la relación entre los esposos es tan importante para la vida de la Iglesia?*

¿Qué es el amor?

> *"Aunque reparta todos mis bienes, y entregue mi cuerpo a las llamas, si no tengo Caridad, nada me aprovecha".*
>
> *1 Corintios 13:3*

El amor se da a sí mismo. Dios es el ejemplo supremo de generosidad. Nos dio el don más precioso que un padre puede dar: su Hijo, Jesús. Ya que el amor marital proviene de Dios y se basa en la naturaleza de Dios, se da a sí mismo. El amor total significa darse totalmente.

Cuando amamos, damos nuestra alegría, nuestro interés, nuestro entendimiento, nuestro conocimiento y nuestro tiempo. No entregamos ni sacrificamos quienes somos, sino que más bien damos quienes somos a la persona que amamos. Este es un esfuerzo más difícil de lo que parece. Requiere mucha valentía permitir que alguien nos vea tal y como somos, que vea nuestros defectos y faltas, así como nuestras cualidades.

Jornada de Fe

CATECUMENADO C9

ADOLESCENTES

En breve:

- Las Órdenes Sagradas tienen tres niveles.
- Las Órdenes Sagradas se fundamentan en la Escritura y en la Iglesia primitiva.
- Las Órdenes Sagradas son el primer paso del sacerdote ordenado.

El sacramento de las Órdenes Sagradas

Conforme la primera Iglesia comenzó a crecer, los apóstoles tuvieron necesidad de asistentes, por lo que escogieron "hombres llenos del Espíritu y de sabiduría" para ayudarlos a servir al pueblo. Entre estos primeros diáconos estaba un hombre llamado Esteban. Muchas personas "se acercaron a Esteban para debatir con él, pero no podían con la sabiduría y el espíritu con que hablaba". Por lo que todos ellos comenzaron a conspirar contra él. Finalmente, el diácono Esteban fue apedreado a muerte por rehusarse a dejar de predicar la Palabra de Dios (Hechos 6:1–15).

Un prisionero había escapado del campo de concentración de Auschwitz durante la Segunda Guerra Mundial. En represalia, el comandante nazi eligió a diez prisioneros a quienes sentenció a morir de hambre. Uno de aquellos jóvenes imploró "¡mi esposa, mis hijos!" El Padre Maximiliano Kolbe dio un paso adelante: "Quiero morir en lugar de este prisionero", exclamó. El comandante respondió de inmediato: "petición concedida".

Decenas de miles de personas viajaron a Filadelfia en septiembre del 2015 para ver al Papa Francisco. Algunos esperaron en filas por horas solo para ver brevemente al Pontífice. ¿Por qué? Algunos querían una bendición especial, otros querían ser parte del evento histórico y algunos más necesitaban aliento para mantener la esperanza en un mundo lleno de dificultades.

- *¿Cuál de estos tres ejemplos te llama más la atención?*
- *¿De qué manera das tú testimonio de tu fe?*

Los tres hombres de los que hablamos anteriormente son ejemplos muy bellos de cómo vivir la vocación sacerdotal. Al ser ordenados sacerdotes, estos hombres se convirtieron en servidores de Cristo y de la Iglesia. Pero ser sacerdote no siempre implica dar un testimonio de fe radical y público. De hecho, lo más grande que un sacerdote puede hacer es vivir una vida de servicio humilde y de sacrificio.

¿Ordenó Cristo sacerdotes?

> *"El Orden es el sacramento gracias al cual la misión confiada por Cristo a sus Apóstoles sigue siendo ejercida en la Iglesia hasta el fin de los tiempos".*
>
> CIC *1536*

El fundamento del sacerdocio data de la Antigua Alianza. Dios escogió, de en medio del Pueblo Elegido, a la tribu de Leví para los servicios litúrgicos. El papel del sacerdote de la Antigua Alianza era "intervenir en favor de los hombres en lo que se refiere a Dios para ofrecer dones y sacrificios por los pecados" (*CIC* 1539). El sacerdocio se perfeccionó en Cristo, cuyo sacrificio fue el único necesario entonces y para siempre (cfr. *CIC* 1545).

Después Jesús envió a sus discípulos a predicar y a bautizar (ver Mateo 10). Les dio el poder de sanar (ver Marcos 6:1–3) y de perdonar los pecados (ver Juan 20:23). En la Última Cena, cuando Nuestro Señor pidió a sus amigos que "hicieran esto en memoria mía", les estaba dando el poder de celebrar la Eucaristía.

Si bien el sacramento de las Órdenes Sagradas no era exactamente como es hoy, los Apóstoles sirvieron a la Iglesia como los primeros sacerdotes y obispos "en nombre y en la representación de Cristo-Cabeza en medio de la comunidad" (*CIC* 1591). A su vez, el Evangelio muestra también la imposición de las manos como símbolo clave de la ordenación.

> *"Dijo el Espíritu Santo: 'Sepárenme a Bernabé y Saulo para la obra a la que los tengo llamados'. Entonces, después de haber ayunado y orado les impusieron las manos y los enviaron".*
>
> *Hechos 13:2–3*

> *"Te recomiendo que reavives el carisma de Dios que está en ti por la imposición de mis manos".*
>
> *2 Timoteo 1:6*

- *¿Por qué crees que Jesús dio instrucciones específicas a aquellos que iban a dirigir la Iglesia?*

¿Quiénes fueron los sacerdotes de la Iglesia de los inicios?

La Iglesia primitiva creía que todos los bautizados compartían el sacerdocio de Cristo, llamado también sacerdocio universal. Tal y como lo prometió Cristo, el Espíritu Santo colmó a los fieles de diversos dones. Los primeros cristianos reconocieron y usaron estos dones y habilidades especiales para construir el Reino de Dios, la comunidad sacerdotal. San Pablo nos dice que algunos creyentes podían sanar, otros obrar milagros y otros profetizar; otros incluso podían hablar en lenguas y entender e interpretar el espíritu; otros podían enseñar y predicar (ver 1 Corintios 12).

Aquellos que habían sido bendecidos con la habilidad de predicar y enseñar, se convirtieron con el tiempo en líderes de la Iglesia. Como líderes, su función era especial y esta se consagraba imponiéndoles las manos e invocando al Espíritu Santo. Así inició la ordenación formal o la institución de un ministerio oficial. Aunque todos podían proclamar la palabra y dar testimonio de la fe, solo el ministro ordenado podía predicar a la asamblea, celebrar la Eucaristía y guiar a la comunidad de fieles.

En la actualidad podemos ver cómo esta tradición continúa en el sacramento de las Sagradas Órdenes. Los obispos, como sucesores de los apóstoles, confieren este sacramento. Por la imposición de las manos, el obispo transmite esta función para servir al pueblo de Dios. Además, el obispo pide al Espíritu Santo que le dé al sacerdote la gracia que necesita para dirigir y servir.

El papel del sacerdote

> *"El sacerdocio ministerial o jerárquico de los obispos y de los presbíteros, y el sacerdocio común de todos los fieles [...] están ordenados el uno al otro".*
>
> CIC *1547*

Las principales responsabilidades del sacerdote consisten en hacer presente a Cristo en la Iglesia y en ser partícipes de la misión de Cristo, maestro y cabeza. Un sacerdote es elegido para actuar en nombre de Cristo. El sacramento de las Órdenes Sagradas da al sacerdote el poder de predicar el Evangelio, de servir a la comunidad de los fieles y de celebrar la Misa y los demás sacramentos, de la misma manera que lo hicieron los apóstoles.

El sacerdocio común o universal, que incluye a los miembros ordenados de la Iglesia, tiene también un papel importante en la Iglesia. Todos los miembros laicos tienen el deber de difundir la Buena Nueva y de ser otros Cristos para los demás en su vida cotidiana. Las responsabilidades del sacerdote ordenado y del laico, como partes importantes del sacerdocio universal, ¡tienen mucho en común!

- *En grupo o con algún compañero, haz una lista de las características de un buen sacerdote.*
- *¿Cuál de estos rasgos consideras que es el más importante? ¿Por qué?*

Jornada de Fe

En breve:

- El Antiguo y el Nuevo Testamento recogen eventos clave de la historia de la salvación.
- El Nuevo Testamento es la continuación del Antiguo Testamento.
- Nosotros y nuestros antecesores en la fe compartimos una alianza.

- *¿Tu jornada hacia Dios fue fácil o difícil?*
- *¿Existe algún obstáculo que te impida seguir avanzando en tu jornada de fe?*

El pueblo de Dios

Tu jornada hacia la fe pudo haber comenzado con una fuerte experiencia de conversión o puede haber sido un proceso paulatino. Como sea, esta toma de conciencia representó el punto de partida, el inicio de tu relación más profunda con Dios.

Y, sin embargo, este no fue el inicio de la relación de Dios contigo. Jamás ha habido un momento en que hayas estado fuera de la conciencia de Dios. Fuiste creado de acuerdo con el pensamiento divino y traído a la vida gracias al amor de Dios. Tu relación con Dios no es algo nuevo para él.

Tu relación con Dios y la experiencia que de ella se sigue es única para ti. Pero la experiencia de ser consciente de Dios y descubrir su presencia en nuestra vida es común a todos los creyentes. El Antiguo Testamento narra, por un lado, la historia de la relación de Dios con su pueblo y del despertar de su conciencia; por otro, nos relata cómo se alejaban para más tarde volver a él. Es posible que en estas historias antiguas veas reflejada también tu propia historia. La búsqueda de Dios y la búsqueda de un significado en tu vida son viajes tan antiguos como la humanidad misma.

Comencemos con Abraham

Génesis, capítulos 15–21

> *"Fue dirigida la palabra de Dios a Abrán en visión, en estos términos: No temas, Abrán. Yo soy para ti un escudo. Tu premio será muy grande".*
>
> *Génesis 15:1*

Después de Adán y Eva, la humanidad siguió avanzando hacia Dios. Por largo tiempo, hubo tan solo un puñado de personas que reconocieron la presencia de Dios en su vida. Entre estos pocos estuvo un hombre llamado Abrán.

Dios pidió a Abrán que tomara a su esposa, Saraí, y que se fuera a una tierra lejana. Ellos, dejando atrás todas sus seguridades y apostándolo todo a su fe en Dios, fueron conducidos por este y llevados muchísimas millas lejos hasta que llegaron a una tierra llamada Canaán. Ahí Dios dio a Abrán y a Saraí nuevos nombres: Abraham, que significa "padre de muchas naciones" y Sara, que significa "princesa del pueblo". Cuando Dios le ponía un hombre a alguien, quería decir que a partir de ese momento dicha persona le pertenecía. Después Dios prometió a Abraham que su descendencia superaría en número a las estrellas del cielo y a las arenas de la playa. Dios prometió a Abraham que sería padre de muchas naciones, a esto se le llama la **alianza** de Dios con Abraham o Antigua Alianza.

CIC 56–64, 121–123, 128–130, 1961–1964

Abraham y Sara prosperaron en su nueva tierra y envejecieron juntos, pero no tenían hijos. Aun así, confiaban en la promesa de paternidad que Dios les había hecho. Cuando Sara ya era muy mayor, dio a luz a Isaac, cuyo nombre significa "risa de Dios".

La fe de Abraham y Sara, su confianza plena en el plan de Dios y la paciencia con la que esperaron a que se cumpliera la promesa de Dios, los llevó a la más grande alegría: el milagro del nacimiento de Isaac.

- *¿Alguna vez tuviste que dejar algo familiar y conocido (quizá una escuela o tu barrio) y confiar en que Dios estaría contigo mientras enfrentabas lo desconocido?*

Israel en tierra extranjera

Génesis, capítulos 37–45

> *"Jacob, por su parte, se estableció en el que fue país residencial de su padre, el país de Canaán".*
>
> Génesis 37:1

El hijo de Isaac, Jacob, se convirtió en padre de doce hijos. El segundo hijo más joven, José, fue vendido como esclavo por sus hermanos, pues le tenían envidia.

José se convirtió en esclavo del faraón en Egipto. Pero cuando José ayudó al faraón a interpretar sus confusos sueños, este le premió haciéndolo el segundo a cargo.

El talento de José para interpretar sueños le ayudó para preparar a Egipto contra una terrible hambruna. Durante la misma, los hermanos de José vinieron a Egipto en busca de comida. Sus hermanos se inclinaron ante él en cuanto se dieron cuenta de que había sido José quien había salvado a Egipto (y a su familia) de morir de hambre.

José besó a sus hermanos y los perdonó por aquel acto despiadado. Con el tiempo, la familia de Israel entera se trasladó a Egipto por muchos años y con la bendición del faraón.

- *Al igual que los hermanos de José, ¿has tenido que aprender algo importante a raíz de algún error que cometiste?*

Moisés como líder

Éxodo capítulos 2–4

> *"Durante este largo periodo, murió el rey de Egipto. Como los israelitas gemían y se quejaban de su servidumbre... Dios escuchó sus gemidos y se acordó de su alianza con Abraham, Isaac y Jacob".*
>
> Éxodo 2:23–25

Por un tiempo, los israelitas prosperaron en Egipto. Con el paso de las generaciones, el pueblo pudo experimentar la bondad de Dios.

Sin embargo, llegó un nuevo faraón quien se sintió amenazado por que el pueblo de Israel se multiplicaba rápidamente y ordenó a los soldados que mataran a todo niño israelita recién nacido. Una madre inteligente puso a su hijo en una canasta y lo escondió en los juncos del río. La hija del faraón encontró al bebé y, aunque sabía que era israelita, desobedeció el mandato de su padre y adoptó al bebé, Moisés. La madre real de Moisés tomó el oficio de nodriza del bebé para poder enseñarle en secreto sus tradiciones y su fe.

Cuando Moisés creció, dejó Egipto y vivió como simple pastor. Un día, mientras pastoreaba a sus ovejas, quedó impresionado con la visión de un arbusto encendido. Cuando se acercó a este, la voz de Dios le ordenó que volviera a Egipto y que le pidiera al faraón que liberase a su pueblo.

Moisés tenía miedo y se resistió; pero Dios no dejó a Moisés en paz. Le dio el poder de hacer milagros y le permitió llevarse a su hermano, Aarón, quien era un buen orador.

- *¿Has discutido alguna vez con Dios porque sentías que te pedía demasiado?*

Jornada de Fe

En breve:

- La Iglesia cristiana se fue desarrollando con el tiempo.
- Los santos Pedro y Pablo guiaron a la primera Iglesia.
- Los cristianos de la Iglesia primitiva enfrentaron la persecución.

La Iglesia de los inicios

Después de su graduación de preparatoria, Max no estaba seguro de lo que quería hacer con su vida. Todos sus amigos veían la universidad como un gran y nuevo comienzo, pero Max no podía decidir si la universidad era la mejor opción para él. No podía imaginarse en alguna de las las carreras elegidas por sus amigos.

El único y verdadero amor de Max era la música. Tocaba la guitarra muy bien. Max tocaba su guitarra siempre que podía. Lo hacía con la esperanza de poder construir su futuro algún día en torno a ella. Decidió posponer la universidad durante un año. Encontró un trabajo como ayudante de un profesor que enseñaba a niños con tenían dificultades de aprendizaje y de comportamiento. Casi como por instinto, comenzó a utilizar su guitarra en su trabajo. "Si me escuchan tocar la guitarra, quizá lo disfruten", pensaba.

Casi de inmediato, los niños se convirtieron en verdaderos aficionados de Max y de su música. El profesor transformó a Max y a su guitarra en un premio para cuando se portaran bien. Al poco tiempo, el desempeño de los niños ya superaba las expectativas. En Navidad, el grupo hizo pasar un buen rato a toda la escuela con un recital con motivo de las fiestas.

Max decidió cursar la licenciatura en educación especial con una especialidad en música. Hoy en día desarrolla materiales de aprendizaje para niños con discapacidades de aprendizaje en escuelas primarias católicas. Max nunca habría podido imaginar a dónde le llevaría ese año sin estudiar. Todavía hoy su guitarra le acompaña… a todos lados.

- *¿Cómo decidió Max qué quería hacer con su futuro?*
- *¿De qué manera te han cambiado a ti nuevas experiencias?*

Cuando Max debía escoger su carrera, sentía confusión e inseguridad. Todos hemos experimentado épocas en las que el futuro nos parece intimidante o incierto.

Cualquiera que sea la decisión que debes tomar, es probable que no tengas la menor idea de dónde terminarás. Sin embargo, hay que dar el primer paso. Hace 2,000 años la Iglesia estaba en una situación semejante. Cuando todo empezó, ni uno solo de los miembros de la Iglesia de los inicios habría sido capaz de imaginar en lo que esta se convertiría. Si la Iglesia de los inicios se hubiera quedado como era entonces, aún seríamos una partecita de la fe judía.

Sin embargo, al igual que Max, la Iglesia siguió adelante, dando un paso a la vez; al igual que Max, los líderes de la Iglesia primitiva sentían incertidumbre sobre su futuro. Con todo, tuvieron el valor de afrontarlo.

En el Nuevo Testamento queda claro que Jesús fundó la Iglesia con miras a que se convirtiera en una comunidad para sus seguidores. Escogió a quienes habrían de darle continuidad a su misión, es decir, sus apóstoles. A Simón le puso otro nombre, Pedro (que significa roca), pues iba a ser el fundamento de la Iglesia.

CIC 425, 748–776, 858

Los apóstoles recibieron un **cometido** (un propósito o misión especial): llevar la Buena Noticia de la vida, muerte y resurrección de Jesús a los extremos más lejanos de la tierra. Nuestro Señor prometió permanecer con esta comunidad de creyentes hasta el fin de los tiempos.

> *"En el lenguaje cristiano, la palabra "Iglesia" designa no solo la asamblea litúrgica (cf. 1 Co 11, 18; 14, 19. 28. 34. 35), sino también la comunidad local (cf. 1 Co 1, 2; 16, 1) o toda la comunidad universal de los creyentes (cf. 1 Co 15, 9; Ga 1, 13; Flp 3, 6) (...) La "Iglesia" es el pueblo que Dios reúne en el mundo entero. La Iglesia de Dios existe en las comunidades locales y se realiza como asamblea litúrgica, sobre todo eucarística".*
>
> CIC *752*

Los primeros cristianos no heredaron una organización con leyes redactadas y un libro de instrucciones sobre cómo esta debía funcionar. Todo lo que tenían que hacer era seguir el ejemplo de lo que Jesús indicó y predicó cuando estuvo en la tierra. Solo con el pasar del tiempo, al ir respondiendo a los problemas y necesidades de la vida cotidiana y estando abiertos a la guía del Espíritu Santo llegarían los primeros líderes cristianos a entender qué dirección seguir.

- *¿Alguna vez has tenido que hacer algo para lo que no te sentías preparado? ¿Cómo lo resolviste?*

El inicio de la Iglesia

> *"Y quedaron llenos del Espíritu Santo y comenzaron a hablar en diferentes lenguas, conforme el Espíritu los hacía capaces de proclamar".*
>
> *Hechos 2:4*

La venida del Espíritu Santo sobre los discípulos de Jesús en **Pentecostés** es algo así como el cumpleaños de la Iglesia y así se celebra. Después de que Jesús ascendió al cielo, los discípulos fueron a la sala superior y oraron. Estaban llenos de miedo y sentían incertidumbre por el futuro. Se preguntaban por lo que se esperaba de ellos y cómo sería posible que pudieran llevar a cabo el gran cometido que Jesús les había dado.

A pesar de sus dudas y miedos, el poder de Dios actuó de manera efectiva llenándolos a todos con el arrojo y la fuerza del Espíritu Santo. No sabemos exactamente de qué forma actuó el Espíritu en aquellos discípulos, pero sabemos que su corazón sufrió una transformación increíble e inexplicable. Por el poder del Espíritu, las personas que una vez estuvieron asustadas y escondidas en la seguridad de aquel salón del piso de arriba, quedaron transformadas en seres valientes sin miedo a proclamar la Buena Nueva a todo el que encontraban. La Escritura nos dice que ese día una gran cantidad de judíos se convirtió a Cristo.

Lee en Hechos 2:1–33 el relato de Pentecostés.

¿Cuándo te has sentido asustado, como aquellos discípulos en el piso de arriba?

¿Cuándo te has llegado a sentir inspirado por el Espíritu de la misma manera que los apóstoles?

Lee con atención el discurso de Pedro. Encuentra el versículo que te parezca más importante. ¿Cuál escogiste y por qué?

¿Cristianos o judíos?

A veces hablamos de descubrir quiénes somos realmente, de encontrarnos a nosotros mismos, de encontrar nuestra verdadera identidad.

Los cristianos pasaron por una experiencia similar durante los primeros años de la Iglesia. Los conversos a Cristo no se sentían separados de los demás judíos. Simplemente sentían que vivían en la plenitud del Antiguo Testamento. Finalmente había llegado el Mesías esperado. Estos primeros cristianos acudían fielmente al Templo para adorar a Dios, "su Señor y su Cristo".

Sin embargo, eran diferentes. El hecho de que veían a Jesucristo como el Mesías llevó al final a una clara división entre la fe judía y la cristiana. Aunque los seguidores de Cristo frecuentaban el Templo, también se reunían en privado para la "fracción del pan", el sacrificio que Jesús les había pedido realizar. Esta Eucaristía era el vínculo que los mantenía unidos. Al compartir su cuerpo, ellos mismos se convertían en su cuerpo que es la Iglesia.

- *¿En alguna ocasión tu deseo de ser católico te ha hecho sentir aislado o separado?, ¿te ha hecho sentir parte de una comunidad?*

Jornada de Fe

C12 CATECUMENADO

ADOLESCENTES

En breve:

- La Iglesia tiene una historia rica y variada.
- Los santos y las órdenes religiosas ayudaron a dar forma a la Iglesia.
- El Espíritu Santo guía a la Iglesia.

Historia de la Iglesia

Kathleen encontró un cachorro al costado de la carretera. Estaba ahí, tirado, acurrucado al lado de lo que parecía ser el cuerpo ya sin vida de su compañero, probablemente su hermano. Kathleen comprendió la escena: alguien acababa de abandonar a esos cachorros. A pesar de estar aterrorizado este cachorro fiel no iba a abandonar a su hermano.

Le tomó meses ganarse la confianza del cachorro después de aquella noche en que lo encontró. Le puso "Second Chance", porque tenía la esperanza de ofrecerle exactamente eso: una segunda oportunidad. Normalmente le decía Chance.

Kathleen quería conocer la historia de su perro, pensaba que eso podría ayudarla a entenderlo mejor. Sin conocer los detalles exactos de la historia de Chance, lo único que Kathleen podía suponer era que el cachorro había sufrido abusos y falta de cuidado. Sabía que le llevaría años a Chance confiar plenamente ella; pero ella estaba decidida a dar a su perro una segunda oportunidad, oportunidad de tener una vida feliz y llena de amor.

- *¿De qué manera te ayuda conocer la historia de alguien para poder entenderlo mejor?*

¿Por qué es importante la historia?

Tu historia de vida refleja lo que eres y relata lo que te ha sucedido y que te ha hecho ser quien eres. Cualquier persona que quiera conocerte, necesita conocer también tu historia. Lo mismo sucede con la Iglesia Católica. La historia de la Iglesia, de la misma manera que tu propia historia personal, es la historia de una jornada en la fe. El camino de la Iglesia comenzó hace miles de años con los hijos de Israel, encontró su fundamento en Jesucristo y ha evolucionado a lo largo de muchos períodos, algunos de ellos extremadamente difíciles.

¿Qué pasó después de que el Cristianismo fue aceptado?

Cuando dejamos a la *Iglesia primitiva* en la lección C11, la Iglesia acababa de salir de un periodo de gran persecución. Una vez liberados de ese miedo y ansiedad, los cristianos tuvieron tiempo para pensar en las verdades de la revelación de Dios hecha a través de Jesucristo. Muchos grandes pensadores contribuyeron a que la Iglesia pudiera comprender mejor a Dios. Por desgracia, en este período de la historia de la Iglesia también hubo algunos pensadores cuyas ideas se alejaron mucho de lo que Jesús enseñó durante su ministerio en la tierra.

Surgieron **herejías**, creencias u opiniones que contradecían directamente la enseñanza oficial de la Iglesia. Una herejía afirmaba que Jesús no era divino y otra que Jesús no era humano. Algunos emperadores apoyaron herejías y algunos cristianos fueron ejecutados por estar en desacuerdo con ellos.

Incluso, tomando en cuenta retos como los que acabamos de describir, el número de **mártires** (cristianos y cristianas que preferían morir antes que renegar de su fe) se redujo una vez que el Cristianismo fue más aceptado en el Imperio. Así, los cristianos pudieron encontrar nuevas formas de dedicar su vida a Jesús. Muchos optaron por irse al desierto. Estos hombres y mujeres sentían que la vida solitaria los protegería de la corrupción de la sociedad. Conforme la gente comenzó a reunirse en torno a estos hombres y mujeres santos, se fueron formando comunidades religiosas, creando así comunidades centradas en la vida de oración y en el servicio. Otros cristianos se ocuparon de los servicios sociales, del cuidado y de la compasión por los pobres, los enfermos, los moribundos y los abandonados.

- *¿De qué forma ser parte de una comunidad ayuda a reforzar el deseo de vivir como Cristo?*
- *¿Será difícil (o fácil) vivir la vida cristiana alejados de los demás?*

Los cambios en el Imperio Romano

En el siglo V, el Imperio Romano comenzó a derrumbarse conforme las tribus bárbaras del norte comenzaron a invadirlo. Los obispos se convirtieron en las únicas autoridades en las que la gente podía confiar. Al principio, los cristianos romanos no querían tener nada que ver con los conquistadores bárbaros, pero con el tiempo comenzaron a sentir ese llamado a convertir a los invasores.

Estos fueron los primeros **misioneros**. Eran hombres y mujeres misioneros que trabajaban llevando la fe a los no creyentes, a menudo a través del servicio social. Para llevar al recién convertido a un conocimiento más profundo del Cristianismo, se fundaron monasterios y parroquias. Los monjes que tenían más formación se encargaban de instruir a la gente y las parroquias ponían el Cristianismo al centro de la vida comunitaria. El clero, esto es, funcionarios ordenados de la Iglesia, fue empleado por los invasores como embajadores y líderes públicos. El servicio a los pobres dependía casi por completo de la Iglesia.

Sin embargo, también hubo graves problemas que surgieron debido a los estrechos vínculos entre la Iglesia y el poder temporal. Los nobles nombraban obispos, eligiendo a menudo a alguien que apoyase sus intereses en lugar de los del Evangelio. Los sacerdotes eran nombrados por los propietarios locales y tenían poca o ninguna formación.

Muchos, quizás la mayoría, de los cruzados fueron motivados por uno deseo noble para proteger las sitas sagrados del cristianismo durante de las Cruzadas (1059-1291). También, es verdad que los motivos más básicos —avaricia y deseo de poder— motivaron a algunos de ellos, especialmente a medida que que avanzaban las Cruzadas. En un serie de expediciones militares, los cristianos de Europa Occidental intentaron tomar Jerusalén y Tierra Santa de los musulmanes. Mientras que no tuvieron mucho éxito a la larga, se firmaron una serie de tratados que hacen más fácil para los peregrinos cristianos viajar con seguridad a sus sitas santos.

- *¿Cómo ha influido en la historia la forma en que funciona la Iglesia?*
- *¿Puede la Iglesia todavía hacer el bien, incluso si los cristianos pecan?*

Volver a lo esencial

En el siglo X, san Bernardo y otros trajeron la Reforma a las comunidades religiosas, pidiéndoles volver a una vida de oración. Su reforma se extendió por toda la Iglesia. Finalmente, el Papa Gregorio VII quitó a los nobles el poder de nombrar sacerdotes. Los emperadores alemanes combatieron esta ley por más de 200 años.

Los siglos XI y XII vieron el florecimiento de las grandes universidades, de la arquitectura gótica y de pensadores y estudiosos extraordinarios. Estos siglos también trajeron nuevos problemas a la Iglesia. En 1054, las divisiones entre oriente y occidente llevaron a la separación de Roma de la Iglesia oriental (ortodoxa). Las Cruzadas a menudo despertaron la codicia y la sed de poder. Estas fueron una serie de expediciones militares durante un período de 200 años en las que los cristianos de Europa occidental intentaron quitar a los musulmanes Jerusalén y Tierra Santa.

Con todo, la Iglesia del siglo XIII contó con gente extraordinaria, como san Francisco de Asís y santo Domingo. Los santos Francisco y Domingo cambiaron la forma en que se predicaba el Cristianismo. Los monasterios preservaron las enseñanzas de la Iglesia, pero para ese momento muchos ya habían perdido el contacto con las personas que debían beneficiarse de ese aprendizaje. Francisco y Domingo se dirigieron a todos lados predicando y viviendo una vida de pobreza.

El llamado a la Reforma

Los siglos XIV y XV marcaron el comienzo de una confusión aún mayor. En algunas ocasiones llegó a haber dos y hasta tres hombres que decían ser el papa. Aumentó la corrupción entre muchos líderes de la Iglesia. Muchos católicos con liderazgo moral convocaron a una renovación.

En 1517, Martín Lutero, un monje católico, llamó a poner fin a los abusos en la Iglesia. Él quería la Reforma, no una nueva Iglesia. Pero debido a las circunstancias externas y a la obstinación de ambas partes, Lutero rompió

Jornada de Fe

C13 CATECUMENADO

ADOLESCENTES

En breve:

- La moral ha sido establecida, en última instancia, por Cristo.
- Debemos reflexionar en nuestras propias opciones morales.
- Estamos llamados a formar nuestra conciencia.

La vida moral cristiana

Evan estaba muy cerca de conseguir su primera "A" en matemáticas, materia que siempre se le había dificultado. Dos días antes del examen final, vio una copia del examen en el escritorio de la maestra mientras ella se encontraba fuera del salón. Sintió la tentación de mirar las primeras respuestas, al menos las suficientes como para comenzar el examen un poco más confiado. Con todo, él sabía que eso no estaba bien. Pero, saber de antemano algunas de las preguntas haría más probable lograr la "A". ¿Cómo acabó la historia? Con Evan sintiéndose muy mal.

Cuando Carrie se encontró con sus amigos cerca de los *lockers* antes de clase, alcanzó a escuchar unos comentarios muy negativos sobre la nueva chica del salón. En un primer momento, se limitó a escuchar los comentarios, pero pronto se unió a la conversación. Eso la hacía sentir como si fuera parte del grupo. Sin embargo, también sabía que esos chismes sobre la chica nueva no eran verdad. Empezó a sentirse culpable. Quería ser parte del grupo, pero si decía que no estaba de acuerdo o dejaba de juntarse con ellas, podrían comenzar hablar también mal de ella.Además, ¿cómo se sentiría la niña nueva del salón si se llegara a enterar de las mentiras que sus compañeros contaban de ella?

- *¿Qué harías si fueras Evan o Carrie?*
- *¿Qué le dirías a un amigo en una situación similar?*

> *"En lo más profundo de su conciencia el hombre descubre una ley que él no se da a sí mismo, sino a la que debe obedecer y cuya voz resuena, cuando es necesario, en los oídos de su corazón, llamándole siempre a amar y a hacer el bien y a evitar el mal".*
>
> CIC 1776

Cada día nos enfrentamos a diversas decisiones morales. Estas decisiones, o nuestra opción de no hacer nada, afectan considerablemente a nuestro ser moral. Lo que eres se define por las decisiones que tomas o por las que no tomas cuando tienes que decidir entre el bien o el mal, entre ponerte de pie o inclinarte. Jesús mismo nos habla de lo importante que son nuestras acciones:

> *"Así pues, todo el que oiga estas palabras mías y las ponga en práctica, será como el hombre prudente que edificó su casa sobre roca: cayó la lluvia, vinieron los torrentes, soplaron los vientos y embistieron contra aquella casa; pero ella no cayó, porque estaba cimentada sobre roca. Y todo el que oiga estas palabras mías y no las ponga en práctica, será como el hombre insensato que edificó su casa sobre arena: cayó la lluvia, vinieron los torrentes, soplaron los vientos, irrumpieron contra aquella casa y cayó, y fue grande su ruina".*
>
> *Mateo 7:24–27*

Construir tu vida moral sobre roca firme mientras eres joven te dará una base sólida para cuando seas adulto. Cuando se elige constantemente lo correcto y lo honesto, eso se convierte en un hábito, lo que hace que cada vez sea más fácil para ti elegir lo correcto cuando se presente una situación semejante. Cuando formamos el hábito de elegir la honestidad, la verdad y el amor, esas acciones se convierten en la forma normal de enfrentar un problema.

Si caemos en el hábito de mentir, trampear o engañar a los demás para conseguir lo que queremos, estamos construyendo nuestra casa sobre la arena.

> *"La educación de la conciencia es una tarea de toda la vida.... La educación de la conciencia garantiza la libertad y engendra la paz del corazón".*
>
> CIC *1784*

Aquí es donde la fe puede tornarse difícil. Creer en Jesús y entender nuestra fe es algo fácil en comparación con lo difícil que es vivir como Cristo. Cuando somos niños, es fácil distinguir el bien y el mal. Pero cuando uno se enfrenta a problemas morales más complejos, donde no está clara la decisión correcta y la equivocada, puede parecer imposible conocer la voluntad de Dios. Esto, aunado a la presión que podemos sentir por parte del mundo, de amigos o de miembros de nuestra familia, hace todavía más difícil la tarea de elegir entre el bien y el mal.

Como Dios nos ama, nos creó libres. Tener **libre albedrío** significa que tenemos la libertad y el poder para tomar decisiones, para actuar o no, para elegir cómo responder. Dios no va a intervenir, nos permitirá incluso tomar una decisión equivocada. Tenemos que hacer todo lo posible para discernir, esto es, para tomar una decisión bien informada y descubrir lo que está bien y lo que está mal; lo que es la voluntad de Dios y lo que es un deseo egoísta.

- *¿Cómo tomas decisiones difíciles?*
- *¿Alguna vez evitaste tomar decisiones, porque no estabas seguro de lo que estaba bien y de lo que estaba mal?*

Nuestra conciencia

> *"Una conciencia bien formada es recta y veraz. Formula sus juicios según la razón, conforme al bien verdadero querido por la sabiduría del Creador".*
>
> CIC *1783*

Quizá tenemos la imagen de la conciencia como un angelito o un diablito que se posan sobre nuestro hombro y que nos dicen qué hacer y qué no. Con todo, nuestra conciencia es en realidad parte de lo que somos. La conciencia es nuestro sentido de la bondad o maldad moral de algo. La conciencia nos da la sensación de paz y satisfacción cuando tomamos buenas decisiones morales o malestar, ansiedad y agitación cuando tomamos malas decisiones morales.

- *Pon por escrito un momento en el que te hayas sentido satisfecho y alegre por haber hecho lo correcto.*
- *Escribe sobre un momento en que te sentiste inquieto o ansioso porque hiciste lo que no debías.*

Es importante habituarnos a escuchar nuestra conciencia y a analizar la sensación que nos queda después de haber hecho una elección difícil. Nuestra conciencia es sutil. Nos impulsa con suavidad a actuar como Dios quiere que actuemos. Cuando somos conscientes de nuestra conciencia y seguimos lo que nos dice, entonces estamos construyendo sobre terreno sólido como está escrito en el Evangelio de Mateo.

Por desgracia, también podemos caer en el hábito de ignorar a nuestra conciencia. Efectivamente, con facilidad podemos dejar de escuchar a nuestra conciencia si no nos tomamos el tiempo para estar en silencio y escuchar. Cuando estamos rodeados constantemente del ruido del mundo, podemos dejar de oír la suave voz de la conciencia dentro de nosotros. Aquí es donde una sólida vida de oración puede ayudarnos a permanecer en el camino correcto. Sin la tranquilidad ni la soledad necesarias para reflexionar en un clima de oración, puede ser muy difícil discernir el bien y el mal.

- *¿Cuáles son algunas formas en que puedes apartarte del mundo y ponerte en contacto con tu conciencia?*

En breve:

- Por qué la vida humana sigue estando amenazada en la actualidad.
- Por qué algunas acciones son consideradas malas intrínsecamente.
- Qué hacen los católicos para defender la vida.

Una ética coherente de la vida

Una historia de vida

En el año 1287, Margarita nació en una noble familia italiana. Su familia no la quería. Tenía una joroba, una pierna más corta que la otra, la cabeza deformada y era ciega.

Sus padres dijeron a la gente que Margarita había muerto al nacer y la expulsaron de las habitaciones principales de su castillo. Temiendo que su identidad pudiera ser revelada, la encerraron en una pequeña habitación contigua a una capilla que había en el bosque. Pero Margarita no perdió el ánimo. Con la ayuda del sacerdote que atendía aquella capilla, supo convertir su prisión en un lugar de serena contemplación.

Sus padres dijeron a la gente que Margarita había muerto al nacer y la expulsaron de las habitaciones principales de su castillo. Temiendo que su identidad pudiera ser revelada, la encerraron en una pequeña habitación contigua a una capilla que había en el bosque. Pero Margarita no perdió el ánimo.

Con la ayuda del sacerdote que atendía aquella capilla, supo convertir su prisión en un lugar de serena contemplación.

"Escoge la vida, para que vivas, tú y tu descendencia, amando al Señor tu Dios, escuchando su voz, viviendo unido a él".

Deuteronomio 30:19–20

En 1983, el cardenal Joseph Bernardin llamó a los católicos de Estados Unidos a adoptar una **ética coherente de la vida**. Para los católicos, la vida comienza en el momento de la concepción y termina con la muerte natural. Esto incluye a los no nacidos, los ancianos, los moribundos, los que sufren, los encarcelados y las personas con discapacidad o con alguna enfermedad mental. Una ética coherente de la vida significa que no hay excepciones: toda vida humana es sagrada.

Defender una ética coherente de la vida significa oponerse a los **males morales intrinsecos** que amenazan o degradan la vida humana. Esto también significa considerar acciones **moralmente problemáticas** que pueden estar justificadas pero solo en casos muy específicos, como la guerra, dentro de la enseñanza y la instrucción de la Iglesia. El cardenal Bernardin dijo que una ética así también debe dar un apoyo decidido a los programas sociales que fomentan el respeto a la vida, desde alimentar a los hambrientos y dar techo a quienes no lo tienen, hasta ayudar a los ancianos y a los inmigrantes.

Tener una ética coherente de la vida es más difícil de lo que parece. Por ejemplo, ¿cuántos de nosotros podríamos valorar y respetar la vida de un hombre que camina hacia su ejecución condenado por un asesinato despiadado? Durante la guerra, ¿cómo es posible valorar y respetar la vida de los soldados enemigos? Cuando una niña de quince años que vive en pobreza queda embarazada, ¿qué tipo de vida podrá ofrecerle a su hijo aún no nacido? La mayoría de nosotros ha atravesado por momentos en los que nos es difícil entender el valor de una vida humana concreta. Los filósofos llaman a esto ceguera al valor. Ceguera al valor significa que respetamos la vida solo en determinadas circunstancias. La ceguera al valor no es compatible con una ética coherente de la vida.

- *¿Te vienen a la mente algunos otros ejemplos de ceguera al valor?*
- *¿Cómo podemos trabajar para superar esta ceguera?*

"A todo el que te pida, dale, y al que tome lo tuyo no se lo reclames. Y traten a los hombres como quieran que ellos los traten".

Lucas 6:30–31

El aborto y el valor único de la vida

"La vida humana debe ser respetada y protegida de manera absoluta desde el momento de la concepción. Desde el primer momento de su existencia, el ser humano debe ver reconocidos sus derechos de persona, entre los cuales está el derecho inviolable de todo ser inocente a la vida (cf. Congregación para la Doctrina de la Fe, Instr. Donum vitae, 1, 1)".

CIC *2270*

La maldad del **aborto**, es decir, el asesinato de un niño no nacido, puede comprenderse fácilmente, pues destruye la forma más inocente y frágil de la vida humana. Sin embargo, las cosas se complican si tenemos en cuenta aspectos como una joven madre que no está preparada para educar a un hijo o que vive en una situación económica de gran precariedad u otros temores y presiones que pueden llevar a una mujer a abortar.

Una ética coherente de la vida no solo nos pide proteger la vida de cada niño que está por nacer, sino que también requiere que trabajemos para ayudar a la madre a afrontar el embarazo no deseado. Podemos ayudar a las familias a sobrellevar esas cargas, apoyando económicamente o trabajando como voluntarios en una organización que ofrezca alternativas al aborto, junto con apoyo financiero y psicológico.

- *¿De qué forma los miembros de tu parroquia apoyan al movimiento pro-vida?*

La guerra y los derechos de los inocentes

"La paz no es solo ausencia de guerra y no se limita a asegurar el equilibrio de fuerzas adversas. La paz no puede alcanzarse en la tierra, sin la salvaguardia de los bienes de las personas, la libre comunicación entre los seres humanos, el respeto de la dignidad de las personas y de los pueblos, la práctica asidua de la fraternidad".

CIC *2304*

Dios nos creó para vivir en paz y armonía. La historia de la creación en el Génesis describe el plan de Dios para que pudiéramos vivir en paz. Todo ser humano tiene derecho a vivir sin miedo a la agresión. Si bien la doctrina católica siempre ha permitido la guerra en defensa de la patria, la naturaleza de la guerra moderna ha aumentado en gran medida nuestra necesidad de trabajar por la paz en toda circunstancia. La guerra moderna afecta a la vida de miles de personas inocentes.

La Iglesia nos dice que nuestro respeto a la vida humana, incluyendo la vida de los ciudadanos de los países con gobiernos injustos o agresivos, debe llevarnos a trabajar por la paz, procurando las negociaciones y el diálogo. Si deseamos vivir los valores de Jesús, la guerra moderna no puede ser el camino para llegar a una paz duradera.

- *Haz una lista de cosas que suceden actualmente en el mundo y que necesitan una ética coherente de la vida.*
- *Haz una lista de cosas que suceden actualmente en el mundo en las que está presente una ética coherente de la vida.*

La eutanasia y la sacralidad de la vida

"Aquellos cuya vida se encuentra disminuida o debilitada tienen derecho a un respeto especial. Las personas enfermas o disminuidas deben ser atendidas para que lleven una vida tan normal como sea posible. Cualesquiera que sean los motivos y los medios, la eutanasia directa consiste en poner fin a la vida de personas disminuidas, enfermas o moribundas. Es moralmente inaceptable".

CIC *2276–77*

Jornada de Fe

En breve:

- El fundamento de la doctrina de la Iglesia en materia de justicia social.
- Las siete áreas de la Doctrina Social Cristiana.
- Cómo defienden los cristianos al pobre y al que está en situación vulnerable.

La Justicia social

Malala Yousafzai ganó el premio Nobel de la paz en el 2014, convirtiéndose en la persona más joven en recibirlo, pues contaba con tan solo 17 años. Malala provenía de una familia paquistaní que valoraba la educación, para niños y niñas. Era una decidida defensora de la educación para todos, especialmente para las niñas, quienes no siempre tenían esa oportunidad. Cuando tenía 15 años, su defensa enfureció al régimen talibán. Unos asesinos intentaron matarla disparándole a la cabeza. La bala atravesó el lado izquierdo de su frente y, aunque sufrió heridas severas, sobrevivió. Al poco tiempo continuó con su lucha por hacer que la educación esté al alcance de los adolescentes de todo el mundo.

- *¿Qué puedes aprender de la historia de Malala?*
- *¿Qué te dice acerca de actuar de acuerdo con lo que creemos?*

Desde el inicio, la Iglesia ha buscado entender y llevar a la práctica el mandamiento de Jesús de amarnos como él nos amó. La Iglesia no es solo una institución que salva almas, es además una institución que se preocupa por la persona en su totalidad. Además del apoyo y del alimento espiritual, la Iglesia también está llamada a proveer alimento, cobijo, seguridad, respeto y apoyo para que los derechos humanos de todas las personas sean respetados. Esto es a lo que llamamos "responsabilidad social".

> *"El deber de hacerse prójimo de los demás y de servirlos activamente se hace más acuciante todavía cuando estos están más necesitados en cualquier sector de la vida humana".*
>
> CIC *1932*

Toda enseñanza social católica proviene de la convicción de que cada uno de nosotros tiene un valor infinito porque ha sido creado a imagen de Dios. Somos la cumbre de toda la creación, destinados a estar por toda la eternidad con Dios. No importa cuán pobres, cuán débiles, cuán enfermos o cuán carentes de poder estemos en cuanto personas, todos siempre seremos hijos de Dios.

> *"Creó, pues, Dios al ser humano a imagen suya, a imagen de Dios lo creó; macho y hembra los creó".*
>
> *Génesis 1:27*

¿Por qué necesitamos la justicia social?

La injusticia social ha existido tanto tiempo como la humanidad misma. Por ello, hombres y mujeres sabios y justos siempre la han condenado. Durante la época de los grandes profetas, incluso la tierra de Israel estuvo llena de injusticia y opresión. Las palabras de los grandes profetas a menudo se convirtieron en fuertes advertencias contra la injusticia.

> *"Al extender ustedes sus palmas, me tapo los ojos por no verlos. Aunque menudeen la plegaria, yo no oigo. Sus manos están de sangre llenas: lávense, límpiense, quiten sus fechorías de delante de mi vista, desistan de hacer el mal, aprendan a hacer el bien, busquen lo justo, den sus derechos al oprimido, hagan justicia al huérfano, aboguen por la viuda. Vengan, pues, y disputemos —dice el Señor—".*
>
> *Isaías 1:15–18*

Y ¿quiénes eran estas personas cuyas manos estaban llenas de sangre? No se trataba exactamente de criminales, sino de los ancianos del pueblo. En tiempos de Isaías, estas personas eran personas religiosamente observantes y líderes de la comunidad, quienes, sin embargo, parecían no darse cuenta del terrible sufrimiento por el que atravesaban los pobres que los rodeaban.

Isaías proclama enérgicamente que no podemos servir al Señor e ignorar a los pobres que viven entre nosotros. No importa cuánto recemos, cuánto tiempo pasemos en la Iglesia, no podemos conocer verdaderamente Dios, si no servimos a nuestro prójimo que pasa necesidad.

Cuando hablamos de "el pobre", no nos referimos solamente a las personas que no tienen dinero. "Pobres" son también aquellos que sufren la soledad, la depresión y una salud precaria, tanto en lo mental como en lo físico. "El pobre" incluye a esa anciana que vive cerca de tu casa, al niño de tu salón que parece no aprender y a ese otro niño del equipo que siempre está solo en la banca. Todos hemos pasado por algún tipo de necesidad.

- *¿A qué se debe que gente buena pase de largo sin percatarse de las necesidades de los pobres que le rodean?*
- *¿Puedes recordar la forma en que alguien vino en tu auxilio en un momento de necesidad?*

Jesús y la justicia social

Jesús buscó la justicia social desde el mismísimo comienzo de su vida pública. En la sinagoga de Nazaret, leyó: "El Espíritu del Señor sobre mí, porque me ha ungido para anunciar a los pobres la Buena Nueva, me ha enviado a proclamar la liberación a los cautivos y la vista a los ciegos, para dar la libertad a los oprimidos y proclamar un año de gracia del Señor" (Lucas 4:18–19; ver Isaías 61:1–2).

El Jesús que vemos en las Escrituras se preocupa por el dolor y la tristeza que existe en la vida cotidiana del ser humano. En el Evangelio de Lucas, Jesús nos cuenta la historia de Lázaro, un hombre pobre que estaba cubierto de llagas, quien deseaba saciarse con las migajas que caían de la mesa de un hombre rico.

Cuando Lázaro murió, fue llevado por los ángeles al seno de Abraham. Cuando el hombre rico murió y pidió misericordia, Abram le respondió: "hijo mío, recuerda que tú recibiste muchas cosas buenas durante tu vida, mientras que Lázaro por el contrario recibió cosas malas; pero ahora él es consolado aquí mientras que tú padeces tormentos" (Lucas 16:19–25).

En esta historia, Jesús no está condenando al rico por ser rico. El pecado de este hombre rico es no haber hecho nada. El hombre rico cerró sus ojos al sufrimiento de quienes lo rodeaban. En esta historia Jesús nos da una importante lección: estamos llamados a ayudar activamente al débil, al pobre y al olvidado.

Asimismo, Jesús dice a sus seguidores que se opongan a aquellos que abusan de la autoridad o a quienes se aprovechan de la miseria de otros. Jesús nos dijo que debíamos permanecer firmes, incluso si eso implicaba que también a nosotros se nos persiguiera.

> *"Pero, antes de todo esto les echarán mano y les perseguirán, les entregarán a las sinagogas y cárceles y les llevarán ante reyes y gobernadores por mi nombre".*
>
> *Lucas 21:12*

Las palabras de Jesús se aplican a nuestras vidas también hoy. Cuando te acercas a ese compañero que ha sido ridiculizado o ignorado, es posible que también te ridiculicen y te ignoren a ti.

Cuando te das el tiempo para visitar a aquella anciana que vive cerca, es probable que pierdas la oportunidad de pasar tiempo con tus amigos. Sin embargo, cuando se vuelva difícil seguir a Jesús, debemos recordar su promesa del cielo, pues recibiremos "como dice la Escritura: lo que ni el ojo vio, ni el oído oyó, ni al corazón del hombre llegó; lo que Dios preparó para los que lo aman" (1 Corintios 2:9).

Los siete campos de la justicia social

1. La vida humana es sagrada y todas las personas tienen dignidad.
2. Estamos llamados a participar en la comunidad y en la familia.
3. Todas las personas tienen derechos y responsabilidades.
4. Debemos acordarnos del pobre y del débil.
5. Todo trabajo debe ser digno y todos los trabajadores respetados.
6. Todos formamos una sola familia humana en la solidaridad.
7. Debemos cuidar de la creación de Dios.

¿Qué enseña la Iglesia?

La Doctrina Social Católica comenzó a desarrollarse en 1891 con una carta encíclica del Papa León XIII titulada *Rerum Novarum*, sobre el capital y el trabajo. En ella el Papa abogaba por el fin de la explotación de la clase obrera, por un salario justo y digno, y por el derecho de los trabajadores a organizarse en sindicatos. También dejó claro que la tradición católica defendía el derecho a la propiedad privada y a la justa ganancia.

La Constitución Dogmática de la Iglesia *Lumen Gentium,* un documento de 1964 emitido por el Vaticano II, abordó temas sociales también. Este documento subrayaba aún más lo que el Papa León había dicho con anterioridad. A todos debía permitírseles trabajar. Dicho trabajo debe ser digno y los empleados deben ser tratados con respeto. La gente que tiene más de lo que necesita tiene que compartir con aquellos que no tienen suficiente.

Desde el momento en que nacemos, necesitamos que otros nos ayuden. Primero, necesitamos a nuestros padres y a nuestra familia para que cuiden de nosotros; luego, a nuestros amigos para que nos apoyen; a los maestros para que nos enseñen; a nuestros jefes para que nos traten con justicia; a nuestros vecinos para que nos respeten; a la Iglesia para que nos guíe; y la lista podría seguir. Tenemos el derecho a la ayuda, al apoyo y a la compasión, así como la responsabilidad de ayudar, apoyar y compadecernos de los demás cuando podamos.

- *¿En qué áreas de tu vida podrías aplicar estas enseñanzas?*

Lecturas complementarias sobre la Justicia Social

Rerum Novarum (Sobre el capital y el trabajo) —Papa León XIII, 1891.

Mater et Magistra (Sobre el Cristianismo y el progreso social) —Papa san Juan XXIII, 1961.

Pacem in Terris (Sobre el establecimiento de la paz universal en la verdad, la justicia, la caridad y la libertad) —Papa san Juan XXIII, 1963.

Dignitatis Humanae (Declaración sobre la libertad religiosa) —Concilio Vaticano II, 1965.

Populorum Progressio (Sobre el desarrollo de los pueblos) —Papa san Pablo VI, 1967.

Laborem Exercens (Sobre el trabajo humano) —Papa san Juan Pablo II, 1981.

Sollicitudo Rei Socialis (Sobre la preocupación social) —Papa san Juan Pablo II, 1987.

La Iglesia y el racismo: hacia una sociedad más fraterna —Pontificio Consejo Justicia y Paz, 1989.

Compendio de la Doctrina Social de la Iglesia —Pontificio Consejo Justicia y Paz, 2004.

¿Qué puedo hacer yo?

Comparte tus cosas Jesús nos pide que compartamos lo que tenemos con aquellos que tienen menos. Si cuentas con ropa, juegos, aparatos o cualquier otra cosa que ya no necesites, podrías regalarlos.

Comparte tu dinero. Esto puede ser un verdadero sacrificio, especialmente cuando sentimos que ni siquiera tenemos el dinero suficiente para nosotros. Ahora bien, no tienes que dar millones de dólares para vivir la caridad. Puedes renunciar a algunos refrescos, al café o alguno que otro dulce una vez a la semana y al final del mes donar lo que ahorraste.

Comparte tu tiempo. La vida se va llenando de ocupaciones y en muchísimas ocasiones dar de nuestro tiempo es mucho más difícil que dar dinero o cosas. Pero inténtalo. Aparta una o dos horas cada semana para dar de tu tiempo a alguien más, a alguien que necesita tu ayuda, como por ejemplo ese compañero de clases al que le cuesta una materia que tú dominas.

Compártete a ti mismo. Ser cristiano implica darse a los demás. Da un paso adelante y acércate a ese niño que normalmente está solo. Cuando veas a alguien triste, pregúntale si hay algo en lo que le puedas ayudar. Siéntete orgulloso de ser un servidor.

Junto con tu salón, ten presente la situación de tu comunidad.

¿Quiénes hay en ella que sean pobres? Haz una lluvia de ideas y encuentra formas en las que puedan apoyar a su comunidad. Intenta hacer al final una acción, aunque sea pequeña, por cada una de las áreas de la justicia social.

Escoge junto con tu salón o tu solo una de las actividades que mencionaste en el apartado anterior.

Elabora un plan para llevar a la práctica dicha actividad. Si es posible, trata de realizarla antes de que pasen quince días.

Jornada de Fe para Adolescentes: Catecumenado, C16 (826979)

Imprimi Potest: Stephen T. Rehrauer, CSsR,
Provincial de la Provincia de Denver, Redentoristas.

Imprimatur: "Conforme al C. 827, Rev. Msgr. Mark S. Rivituso, Vicar General de St. Louis, concedió el Imprimátur para la publicación de este libro el 17 de mayo de 2016. El Imprimátur es un permiso para la publicación que indica que la obra no contiene contradicciones con las enseñanzas de la Iglesia Católica, sin embargo no implica la aprobación de las opiniones que se expresan en ella. Con este permiso no se asume ninguna responsabilidad".

Jornada de Fe © 2000, 2017 Liguori Publications, Liguori, MO 63057. Para hacer pedidos, visite Liguori.org o llame al 800-325-9521. Liguori Publications, corporación no lucrativa, es un apostolado de los Redentoristas. Para saber más acerca de los Redentoristas visite Redemptorists.com.

Edición del 2016: Theresa Nienaber y Pat Fosarelli, MD, DMin.
Arte/Diseño: Lorena Mitre Jiménez. Imágenes: Shutterstock.

Impreso en los Estados Unidos de América.
Tercera edición.

LIBROS LIGUORI

Jornada de Fe

Muchos buenos cristianos no tienen clara la doctrina católica sobre la **eutanasia** o el suicidio asistido por un médico (el cual deliberadamente pone fin a la vida de alguien). Esto debido sobre todo a dos cosas:

En primer lugar, la ciencia médica de nuestro tiempo ha hecho posible que muchas personas que antes habrían muerto sigan viviendo en condiciones extremadamente onerosas para ellos o para quienes los cuidan.

En segundo lugar, las organizaciones pro-eutanasia intentan hacernos creer que tenemos derecho a morir si el dolor físico o emocional es más fuerte de lo que podemos soportar. Desde su punto de vista, ofrecer una "muerte digna" es un deber noble de parte de quienes los atienden.

Este enfoque no tiene en cuenta otros elementos. En primer lugar, damos por supuesto que el dolor en la vida es algo que se opone a lo que debería ser una vida feliz y exenta de sufrimientos. Se nos olvida que el dolor y las dificultades son parte de la vida humana y que gracias a ellos podemos crecer enormemente. En segundo lugar, reducimos todo el análisis a dos opciones: o una existencia llena de dolor o la muerte. En realidad, los programas de cuidados paliativos de hoy se especializan en el cuidado de personas que están luchando contra enfermedades incurables o a las que espera una muerte segura. Los servicios de salud se especializan en el tratamiento del dolor, tanto físico como emocional. Sus empleados trabajan con el paciente y con la familia del paciente, apoyándolos con los medicamentos necesarios para el dolor, con asesoría e información médica.

La Iglesia Católica enseña que la vida es sagrada, incluso en sus fases finales, pero eso no quiere decir que debamos aferrarnos a la vida en la tierra por todos los medios posibles cuando la muerte ya es inminente. Asesinar de forma deliberada a los enfermos o discapacitados es contrario a la ley de Dios.

Por otra parte, no es necesario alargar con medios tecnológicos la vida de una persona cuando no hay esperanza de recuperación. A los seres humanos se les debe permitir morir de forma natural. La Iglesia reconoce a Dios como el autor de toda vida humana y como quien determina el momento en que una vida humana debe terminar.

- *¿Por qué, cuando dejamos a Dios decidir cuándo termina una vida humana, estamos preservando la dignidad de dicha vida?*

Pena de muerte o misericordia

> *"[L]a dignidad de la persona no se pierde ni siquiera después de haber cometido crímenes muy graves.... [S]e han implementado sistemas de detención más eficaces, que garantizan la necesaria defensa de los ciudadanos, pero que, al mismo tiempo, no le quitan al reo la posibilidad de redimirse definitivamente".*
>
> CIC *2267*

La pena capital o pena de muerte es un tema difícil de abordar. Incluso aquellos que se consideran pro-vida no están de acuerdo entre sí sobre la pena capital. Quienes se oponen a la pena de muerte argumentan que la acción de privar de la vida es mala, incluso si se trata de un criminal contumaz. Han aquellos que creen que la pena capital a veces es justificada.

La Iglesia Católica siempre ha tratado de equilibrar la justicia y la misericordia en lo que se refiere al trato de los que cometen un asesinato.

> *"Por tanto la Iglesia enseñando, a la luz del Evangelio, que la pena de muerte es inadmisible, porque atenta contra la inviolabilidad y la dignidad de la persona, y se compromete con determinación a su abolición en todo el mundo".*
>
> CIC *2267*

Los obispos de Estados Unidos han optado por subrayar el valor de toda vida humana, sin importar cuán culpable sea el individuo. Por esto han votado en contra de las leyes estatales que permiten la pena capital. Los obispos apoyan el uso y la aplicación de la cadena perpetua, para que el criminal ya no represente una amenaza para la sociedad.

Pero quizás lo más importante es que los obispos de los Estados Unidos están tratando de mantener una ética coherente de la vida, incluso en las circunstancias más difíciles. Cristo siempre consideró toda vida humana como algo precioso y valioso. Vio cada vida humana como la de un ser creado a imagen y semejanza de Dios. La Iglesia Católica nos anima a hacer lo mismo.

Elige uno de los tres temas que aparecen abajo y responde a las siguientes preguntas:

(1) La pena capital (2) La eutanasia (3) El aborto

¿Qué razones a favor da la gente?

¿Cuáles en contra?

¿Qué enseña la Iglesia?

Ser pro-vida no significa solo actuar en favor de estos temas a gran escala o en el ámbito político. Podemos mostrar nuestro respeto a la vida a través de pequeños actos.

Haz una lista de cosas sencillas que puedes hacer para trabajar a favor de la vida o para ayudar a otros a comprender el valor de su propia vida.

***Jornada de Fe para Adolescentes: Catecumenado*, C15 (826979)**

Imprimi Potest: Stephen T. Rehrauer, CSsR, Provincial de la Provincia de Denver, Redentoristas.

Imprimatur: "Conforme al C. 827, Rev. Msgr. Mark S. Rivituso, Vicar General de St. Louis, concedió el Imprimátur para la publicación de este libro el 17 de mayo de 2016. El Imprimátur es un permiso para la publicación que indica que la obra no contiene contradicciones con las enseñanzas de la Iglesia Católica, sin embargo no implica la aprobación de las opiniones que se expresan en ella. Con este permiso no se asume ninguna responsabilidad".

Jornada de Fe © 2000, 2017 Liguori Publications, Liguori, MO 63057. Para hacer pedidos, visite Liguori.org o llame al 800-325-9521. Liguori Publications, corporación no lucrativa, es un apostolado de los Redentoristas. Para saber más acerca de los Redentoristas visite Redemptorists.com.

Edición del 2016: Theresa Nienaber y Pat Fosarelli, MD, DMin. Arte/Diseño: Lorena Mitre Jiménez. Imágenes: Shutterstock.

Impreso en los Estados Unidos de América.
Tercera edición.

LIBROS LIGUORI

Jornada de Fe

La administración de la creación

"Vio Dios cuanto había hecho y todo estaba muy bien. Y atardeció y amaneció: día sexto".

Génesis 1:31

La preocupación cristiana por el medio ambiente comienza por la concepción del mundo natural como un regalo de Dios. La tradición cristiana nos enseña que hay que ejercer un gobierno responsable. Debemos valorar el don de la creación usando racionalmente los recursos naturales y trabajando por preservar la Tierra.

En su escrito, Sobre las preocupaciones sociales (*Solicitudo Rei Socialis*, 1987), el Papa san Juan Pablo II decía que los animales, las plantas y la naturaleza no pueden ser usados "como mejor apetezca, según las propias exigencias económicas. Al contrario, conviene tener en cuenta *la naturaleza de cada ser y su mutua conexión* en un sistema ordenado, que es precisamente el cosmos…".

Más recientemente, en su encíclica *Laudato* si, el Papa Francisco escribió: "La armonía entre el Creador, la humanidad y todo lo creado fue destruida por haber pretendido ocupar el lugar de Dios [...] No somos Dios. La tierra nos precede y nos ha sido dada (66-67).

El cuidado de la creación es un punto en el que realmente puedes hacer mucho.

Reflexion:

- ¿Hago todo lo posible por mantener limpio y transparente al mundo natural que me rodea?
- ¿Desecho correctamente mi basura?
- ¿Recojo la basura que otros por descuido han tirado?
- ¿Cómo puedo influir en los demás para que reciclen?
- ¿Trato de informarme sobre los productos que dañan al medio ambiente para evitarlos?
- ¿Hago algo concreto por preservar mi pequeño rincón del mundo, como por ejemplo plantar árboles o plantas?

- *¿De qué otra forma puedes influir positivamente en el mundo que te rodea?*

El trabajo como lo ve el mundo

En nuestra sociedad, el trabajo se considera comúnmente algo que hacemos para obtener dinero, en vez de algo que hacemos porque realmente queremos hacerlo. La doctrina de la Iglesia nos ofrece una perspectiva mucho más rica y llena de significado sobre el valor que el trabajo tiene para la humanidad. San Juan Pablo II escribió: "El trabajo es uno de estos aspectos, perenne y fundamental, siempre actual y de los que la vida del hombre está hecha cada día, de la que deriva la propia dignidad" (Sobre el trabajo humano *Laborem Exercens*, 1). Debemos prestar atención al mundo del trabajo, ya que puede hacer mucho por la dignidad humana de las personas, pero también puede ofenderla gravemente.

La Iglesia advierte que el trabajo humano no debe ser considerado como un recurso más en el proceso de producción, como el dinero, la tecnología o las materias primas. No importa cuál sea el trabajo que hagamos, somos seres humanos que deben ser tratados con respeto y recibir una remuneración justa. El trabajo nunca debe denigrar al trabajador.

Los obispos católicos de los Estados Unidos escribieron:

Cuando nos encontramos en el lugar de trabajo, no importa si estamos en un trabajo de medio tiempo o de lo que queremos hacer como nuestra vocación, es importante tener en cuenta el significado moral de nuestra elección. Debemos tener en cuenta no solo nuestros intereses, talentos y necesidades personales, sino también el efecto que nuestro trabajo tendrá en el mundo en su conjunto".

Reflexion:

- ¿Cómo puedo hacer del mundo un mejor lugar para vivir a través de mi trabajo?
- ¿Pongo siempre mi mejor esfuerzo en todo lo que hago?
- ¿Trato a todos mis compañeros de trabajo con respeto, incluso cuando no estoy de acuerdo con ellos?
- Cuando voy a un restaurante o a una tienda, ¿trato con dignidad y respeto a la gente que me sirve?

- *¿De qué forma puedo llevar el amor de Cristo a mi lugar de trabajo, sin importar si mi "trabajo" consiste en realizar un proyecto escolar, un trabajo de medio tiempo o incluso un trabajo como voluntario?*

Lean la siguiente anécdota en grupo y respondan las preguntas.

Christopher Wren, un gran arquitecto inglés, caminaba entre los albañiles que iban a construir la Catedral de San Pablo en Londres sin revelar su identidad. "¿Qué estás haciendo?", le preguntó a uno. Respondió: "Estoy cortando un trozo de piedra". Después de avanzar un poco más hizo la misma pregunta a otro hombre, el cual respondió, "estoy ganando cinco chelines y dos peniques al día". Preguntó lo mismo a un tercero y el hombre respondió: "Estoy ayudando a construir una catedral".

- ¿De qué manera la respuesta de cada trabajador demuestra su actitud ante el trabajo?
- ¿De qué manera la respuesta del tercer hombre refleja la enseñanza de la Iglesia Católica?
- ¿Cómo se relaciona esto con la dignidad humana?

Piensa en aquellas partes de tu escuela, vecindario o comunidad en las que ves desigualdades.

Después, busca una forma, aunque sea pequeña, de hacer algo para mejorar la situación.

Jornada de Fe para Adolescentes: Catecumenado, C14 (826979)

Imprimi Potest: Stephen T. Rehrauer, CSsR, Provincial de la Provincia de Denver, Redentoristas.

Imprimatur: "Conforme al C. 827, Rev. Msgr. Mark S. Rivituso, Vicar General de St. Louis, concedió el Imprimátur para la publicación de este libro el 17 de mayo de 2016. El Imprimátur es un permiso para la publicación que indica que la obra no contiene contradicciones con las enseñanzas de la Iglesia Católica, sin embargo no implica la aprobación de las opiniones que se expresan en ella. Con este permiso no se asume ninguna responsabilidad".

Jornada de Fe © 2000, 2017 Liguori Publications, Liguori, MO 63057. Para hacer pedidos, visite Liguori.org o llame al 800-325-9521. Liguori Publications, corporación no lucrativa, es un apostolado de los Redentoristas. Para saber más acerca de los Redentoristas visite Redemptorists.com.

Edición del 2016: Theresa Nienaber y Pat Fosarelli, MD, DMin. Arte/Diseño: Lorena Mitre Jiménez. Imágenes: Shutterstock.

Impreso en los Estados Unidos de América.
Tercera edición.

LIBROS LIGUORI

Jornada de Fe

La conciencia y la Biblia

> *"En la formación de la conciencia, la Palabra de Dios es la luz de nuestro caminar; es preciso que la asimilemos en la fe y la oración, y la pongamos en práctica. Es preciso también que examinemos nuestra conciencia atendiendo a la cruz del Señor".*
>
> *CIC 1785*

Una vez que decidimos tomarnos el tiempo (o encontrar el tiempo) para conocer la voluntad de Dios, podemos empezar nuestra búsqueda por la Sagrada Escritura. Jesús nos promete: "El que me ama, guardará mi palabra, y mi Padre le amará, y vendremos a él y haremos morada en él" (Juan 14:23). Estas palabras nos tranquilizan de una manera maravillosa. Nos dicen que, si hacemos de Jesús el centro de nuestras vidas y usamos sus palabras y acciones como nuestra guía, entonces conoceremos una mejor manera de vivir. No vamos a ser perfectos. A veces vamos a fracasar y vamos a tomar decisiones equivocadas, pero Jesús no va a renunciar a nosotros. Él habita en nosotros y trabajará para ayudarnos a seguir caminando.

La enseñanza moral de Jesús implica entender y obedecer los **mandamientos** del Antiguo Testamento. Los Diez Mandamientos fueron aceptados como voluntad de Dios por los judíos en tiempos de Jesús. Le fueron dados a Moisés en el Monte Sinaí (Éxodo 20: 1-21; Deuteronomio 5:1-21). Por generaciones han sido considerados como normas de moralidad.

Después de que los israelitas escaparon de la esclavitud en Egipto, Dios les dio los mandamientos para evitar que cayeran en una forma peor de esclavitud: la esclavitud del pecado. Cuando mentimos, robamos o le quitamos la vida a alguien, no podemos ser verdaderamente libres, no podemos experimentar la alegría humana plena. Podemos descubrir el gran valor de los Mandamientos si nos hacemos esta simple pregunta: "¿Qué sería del mundo si todos a partir de mañana cumplieran los Diez Mandamientos?".

- *¿En qué crees que cambiaría el mundo si todos cumpliéramos los Diez Mandamientos?*

Las enseñanzas morales de Jesús

> *[Jesús] "Decía: 'lo que sale del hombre eso es lo que contamina al hombre. Porque de dentro, del corazón de los hombres, salen las intenciones malas: fornicaciones, robos, asesinatos, adulterios, avaricia, maldades, fraude, libertinaje, envidia, injuria, insolencia, insensatez. Todas estas perversidades salen de dentro y contaminan al hombre'".*
>
> *Marcos 7:20–22*

Jesús no hizo más que afirmar los Diez Mandamientos. Pero, además, nos lanzó el reto de aspirar a una norma moral aún más elevada, la norma basada en la ley del amor. Jesús cuestionaba las viejas creencias que toleraban el odio y la venganza. Nos dijo que no era suficiente con cumplir la ley si nuestros corazones estaban llenos de ira y odio.

Jesús nos estaba instando a salir del legalismo, esto es, a no solo respetar una lista de leyes, sino a vivir una moral que realmente fomenta el amor. Cuando elegimos obedecer los límites de velocidad, debemos hacerlo porque es lo más seguro para nosotros y para los demás, y no simplemente porque lo dice la ley o porque no queremos que nos multen. Cuando decidimos no levantar falsos testimonios en contra de otro, debemos hacerlo motivados por el amor y por el respeto a los demás hijos de Dios, y no solo por el deber de obedecer los Diez Mandamientos.

La conciencia y la Iglesia

Los católicos creemos que tenemos otro recurso para formar nuestra conciencia: las enseñanzas de la Iglesia. Jesús está presente en su Iglesia y ha dado a quienes la dirigen autoridad para hablar y actuar en su nombre. Los cristianos del Nuevo Testamento recurrían a sus líderes en busca de orientación para diversas cuestiones morales, como cuando los corintios escribieron a Pablo pidiendo consejo (1 Corintios 7:1). Todas las cartas del Nuevo Testamento ofrecen una guía moral, algunas incluso aportaron reglas de conducta en materia de organización de la Iglesia, reglas para las relaciones humanas y para la vida cotidiana.

Desde entonces, la Iglesia Católica ha dado orientaciones morales a sus miembros a través de leyes y de la instrucción de pastores, obispos y papas. Los líderes de la Iglesia se esfuerzan por entender y enseñar cómo se aplican las enseñanzas del Evangelio a la vida moderna.

Los católicos confían en que los líderes de la Iglesia siguen siendo iluminados por el Espíritu Santo. A medida que buscamos tomar buenas decisiones morales, es importante que conozcamos las enseñanzas de la Iglesia en cuanto a la moral y, más importante aún, que entendamos las razones de dichas enseñanzas. Si tienes dudas, el Catecismo de la Iglesia Católica es una excelente herramienta para empezar; sin embargo, tu padrino o tu párroco pueden ser también de gran ayuda.

La formación de tu conciencia

Cuando enfrentamos decisiones morales, hay varios pasos que podemos dar para asegurarnos de que nuestras conciencias están bien formadas:

1. Tómate el tiempo (o encuentra el tiempo) para reflexionar en un clima de oración. Asegúrate de escuchar a esa vocecita interior.
2. Conoce y comprende los Diez Mandamientos, y pregúntate: "¿basándome en el amor, cuál es la mejor decisión que puedo tomar?".
3. Conoce y comprende las enseñanzas de la Iglesia. Si una enseñanza de la Iglesia es confusa, no tengas miedo de hablar de ese tema con un sacerdote católico o con alguien bien formado.
4. Si cometes un error, pide perdón y aprovecha esa experiencia para seguir creciendo.

Si cometes un error, pide perdón y aprovecha esa experiencia para seguir creciendo.

Utiliza los pasos del 1 al 4 de "La formación de tu conciencia" para encontrar la forma en que deberías actuar. Comparte tus conclusiones con el resto del grupo.

Recuerda un momento en que hiciste algo mal y de lo que más tarde te arrepentiste.

Si estuvieras de nuevo ante la misma situación, ¿cómo actuarías?

***Jornada de Fe para Adolescentes: Catecumenado, C13* (826979)**

Imprimi Potest: Stephen T. Rehrauer, CSsR, Provincial de la Provincia de Denver, Redentoristas.

Imprimatur: "Conforme al C. 827, Rev. Msgr. Mark S. Rivituso, Vicar General de St. Louis, concedió el Imprimátur para la publicación de este libro el 17 de mayo de 2016. El Imprimátur es un permiso para la publicación que indica que la obra no contiene contradicciones con las enseñanzas de la Iglesia Católica, sin embargo no implica la aprobación de las opiniones que se expresan en ella. Con este permiso no se asume ninguna responsabilidad".

Jornada de Fe © 2000, 2017 Liguori Publications, Liguori, MO 63057. Para hacer pedidos, visite Liguori.org o llame al 800-325-9521. Liguori Publications, corporación no lucrativa, es un apostolado de los Redentoristas. Para saber más acerca de los Redentoristas visite Redemptorists.com.

Edición del 2016: Theresa Nienaber y Pat Fosarelli, MD, DMin. Arte/Diseño: Lorena Mitre Jiménez. Imágenes: Shutterstock.

Impreso en los Estados Unidos de América.
Tercera edición.

LIBROS LIGUORI

Jornada de Fe

oficialmente con la Iglesia. La división siguió a la división, hasta que el Cristianismo quedó dividido en cientos de denominaciones. La Iglesia, que una vez fuera fundada por Jesús, ahora parecía separarse cada vez más de los valores que Cristo vivió y enseñó.

La ruptura protestante, también llamada Reforma protestante, hizo que los líderes católicos emprendieran acciones inmediatas. El Concilio de Trento (1545-1563) clarificó diversos puntos de la fe católica, corrigió abusos y creó el sistema de seminarios para la formación del clero. Las nuevas órdenes religiosas comenzaron a ayudar en esta renovación.

- *¿De qué manera muestra el servicio social las raíces de la Iglesia que brotan del ministerio mismo de Jesús?*

?

El llamado a servir

El servicio social y la espiritualidad cotidiana fueron los objetivos de los siglos XVII y XVIII. San Francisco de Sales escribió libros que animaban a los laicos a buscar la santidad. Los santos Vicente de Paúl y Luisa de Marillac crearon distintas iniciativas para ayudar a los pobres. Se instituyeron grupos de laicos llamados "cofradías", para gestionar orfanatos, asilos de ancianos y servicios parroquiales para los necesitados.

El Catolicismo en los Estados Unidos

A principios de 1800, en los Estados Unidos, los católicos eran un número pequeño e insignificante. Durante la guerra civil, los católicos eran el grupo (**denominación**), religioso más grande en el país, contando con alrededor de tres millones y medio de personas.

Este aumento se debió al gran número de inmigrantes procedentes de Irlanda y Alemania. Más tarde, muchos católicos de Polonia, Italia y los países hispanos también llegaron a Estados Unidos.

Una **denominación** en el Cristianismo es un cuerpo religioso distinto, con sus propias formas de culto, de liderazgo y de doctrina. Muchas de estas denominaciones se separaron de la Iglesia Católica en los últimos siglos.

La Iglesia en el siglo XX

"Los gozos y las esperanzas, las tristezas y las angustias de los hombres de nuestro tiempo, sobre todo de los pobres y de cuantos sufren, son a la vez gozos y esperanzas, tristezas y angustias de los discípulos de Cristo".

Constitución Pastoral sobre la Iglesia en el mundo moderno [Gaudium Et Spes], 1)

El Concilio Vaticano II, que fue una importante reunión celebrada en Roma en la década de 1961 y a la que acudieron todos los obispos católicos del mundo, examinó de cerca a la Iglesia moderna. El Concilió hizo muchos cambios en las formas de adoración y en los ritos católicos. Se alentó a los laicos a participar más activamente en el trabajo de la Iglesia y a renovar sus esfuerzos por seguir a Cristo.

Varios ministerios que hasta hacía poco habían sido competencia exclusiva de los sacerdotes, ahora podían ser llevados a cabo por laicos. En la Misa, los laicos proclaman la Palabra (aunque el Evangelio solo pueden proclamarlo el diácono y el sacerdote), distribuyen la Eucaristía, guían a la asamblea en el canto y sirven como ministros de la hospitalidad. La mayoría de las parroquias tienen comisiones litúrgicas activas que involucran a los laicos en la preparación de las fiestas litúrgicas y de las celebraciones.

La Iglesia hoy

La Iglesia de hoy tiene una doctrina muy clara ante cuestiones morales y sociales, tales como el aborto y el suicidio asistido, prácticas que ignoran las enseñanzas de Cristo sobre la santidad y valor de la vida humana. La Iglesia sigue llevando adelante muchas iniciativas para ayudar a los pobres y apoyar a personas que sufren otras formas de pobreza. En la lección C16, titulada "Justicia Social", reflexionarás un poco más sobre esta parte de la misión de la Iglesia.

La Iglesia de nuestros días enfrenta muchos retos, como ha sucedido a lo largo de toda su historia. Al hacer frente a estos retos y al tratar de aprender de los errores del pasado, es importante recordar que todos somos humanos, tan imperfectos como los apóstoles que nos precedieron. Sin embargo, la Iglesia sigue siendo el Cuerpo de Cristo, y podemos confiar en que el Espíritu Santo seguirá guiándonos.

En grupo, haz una lista de las maneras en que la Iglesia de hoy llega a las personas con la Buena Nueva. Después haz otra lista con las formas en que la Iglesia podría hacer más y con los frutos que dichas formas podrían producir.

Recuerda un momento en que cometiste un error.

¿Qué te enseñó dicho error sobre ti mismo? ¿Cómo te ayuda a crecer? ¿Te volviste más comprensivo o indulgente? ¿Cómo influyó ese error en quien eres hoy?

***Jornada de Fe para Adolescentes: Catecumenado*, C12 (826979)**

Imprimi Potest: Stephen T. Rehrauer, CSsR,
Provincial de la Provincia de Denver, Redentoristas.

Imprimatur: "Conforme al C. 827, Rev. Msgr. Mark S. Rivituso, Vicar General de St. Louis, concedió el Imprimátur para la publicación de este libro el 17 de mayo de 2016. El Imprimátur es un permiso para la publicación que indica que la obra no contiene contradicciones con las enseñanzas de la Iglesia Católica, sin embargo no implica la aprobación de las opiniones que se expresan en ella. Con este permiso no se asume ninguna responsabilidad".

Jornada de Fe © 2000, 2017 Liguori Publications, Liguori, MO 63057.
Para hacer pedidos, visite Liguori.org o llame al 800-325-9521. Liguori Publications, corporación no lucrativa, es un apostolado de los Redentoristas. Para saber más acerca de los Redentoristas visite Redemptorists.com.

Edición del 2016: Theresa Nienaber y Pat Fosarelli, MD, DMin.
Arte/Diseño: Lorena Mitre Jiménez. Imágenes: Shutterstock.

Impreso en los Estados Unidos de América.
Tercera edición.

LIBROS LIGUORI

Jornada de Fe

¿Cuándo tuvo lugar la separación del judaísmo?

> *"La consumación de la Iglesia en la gloria, y a través de ella la del mundo, no sucederá sin grandes pruebas".*
>
> CIC 769

El Judaísmo y el Cristianismo vivieron el uno al lado del otro por un tiempo, hasta que finalmente las dos religiones se dividieron por diferencias menores sobre cómo tenían que vivir su fe. Algunos de estos desacuerdos incluían si los gentiles debían o no convertirse al judaísmo antes de convertirse en cristianos o si los cristianos gentiles varones debían circuncidarse.

Se desató una persecución contra la comunidad de Cristo en Jerusalén (véase Hechos 8:1); pero Dios sacó un bien de la persecución; esta forzó a muchos cristianos a salir de Jerusalén en todas direcciones, llevando con ellos la Buena Nueva de Jesús.

El Espíritu Santo también mostró a la comunidad cristiana que la salvación de Cristo era para todas las personas, no solo para los judíos. Esto preparó el escenario para otro gran paso. Un celoso fariseo llamado Saulo, quien estaba decidido a destruir a las jóvenes comunidades cristianas, se convirtió milagrosamente gracias a la acción de Dios (véase Hechos 9:1-9). Saúl se convirtió en el gran san Pablo.

Pablo fue a quien Dios llamó a predicar a los gentiles, a los no-judíos. A lo largo de sus distintas misiones, Pablo predicó la Buena Noticia de Cristo, primero a los judíos, pero cuando ellos lo rechazaban, se dirigía a los gentiles. Muchos judíos lo vieron como un traidor y lo rechazaron, no obstante, él logró muchas conversiones a la fe cristiana.

Diferentes enfoques en el Cristianismo

> *"Porque, aunque las lenguas difieren a través del mundo, el contenido de la Tradición es uno e idéntico. Y ni las Iglesias establecidas en Germania tienen otra fe u otra Tradición, ni las que están entre los íberos, ni las que están entre los celtas, ni las de Oriente, de Egipto, de Libia, ni las que están establecidas en el centro el mundo (...)" (Ibíd.)".*
>
> CIC 174

A medida que crecía el Cristianismo, este empezó a llegar a muchas culturas que vieron esta nueva religión desde diferentes puntos de vista, pues la salvación no es ni se limita a una única forma de comprensión de la realidad. Jesús vino para todas las personas. Vino para que todos los extremos de la tierra pudieran ver el poder y el amor de Dios.

Para los griegos, interesados en la filosofía, el Cristianismo tuvo que asimilarse en términos de metafísica, la cual intenta entender y describir el origen y la estructura del universo. Jesús era la sabiduría de Dios hecha carne y el comunicador de la sabiduría divina. Esta comunidad puso gran énfasis en los credos y dogmas (la doctrina).

Roma, con su gran tradición de justicia y derecho, dio al Cristianismo la herencia de la moral. Cristo fue el mayor de los legisladores. Como resultado, la ética y la moral llegaron a ser centrales para la fe. Jesús fue el hombre perfecto.

La rápida difusión del Cristianismo se debió principalmente a un Dios que da fe, fuerza y esperanza a los creyentes. La gente estaba hambrienta de una fe que diera sentido a sus vidas y ofrecía esperanza frente a la muerte. Dado que los dioses del Imperio Romano no fomentaban el comportamiento moral y el amor al prójimo, muchos en cuanto escuchaban la Buena Noticia de Cristo, abrían su corazón para recibirla.

¿Por qué se persiguió a los cristianos?

Cuando tuvo lugar el incendio de Roma en el año 64, el emperador Nerón tenía que evitar la ira de la gente. Por ello culpó a los cristianos de la destrucción. Nerón condenó a los cristianos a que fueran crucificados y a que se les prendiera fuego para convertirlos en antorchas humanas. Decretó que nadie podía profesar la fe cristiana. Fue durante la persecución de Nerón que Pedro y Pablo murieron por Cristo. Aunque al parecer hubo millones de mártires cristianos, en los siglos que siguieron a Nerón los cristianos fueron perseguidos por periodos y no de manera constante.

La Iglesia primitiva también tuvo que lidiar con los desacuerdo en su interior. Muchos cristianos negaban su fe para salvar la vida. Pero luego, cuando la persecución cesaba, buscaban volver a la Iglesia. La forma de afrontar esto dividió a muchas comunidades cristianas, a pesar de que al final se les volvía a recibir, pero haciendo alguna penitencia.

A pesar de la persecución exterior y los desacuerdos en el seno de la comunidad, la Iglesia siguió desarrollándose. Los conversos, tras una larga instrucción, eran bautizados, normalmente de acuerdo con el rito de la inmersión en un río. El rito de la fracción del pan, la Misa, unía a la comunidad cristiana en el verdadero Cuerpo y Sangre de Jesús.

Si una comunidad cristiana crecía mucho, el obispo ordenaba **presbíteros** (sacerdotes) para que la atendieran. Los diáconos, además de instruir, supervisaban las diversas obras de caridad de la Iglesia y distribuían la Eucaristía. Los obispos que sucedieron a Pedro como obispo de Roma (el Papa) le sucedían también en cuanto jefes de la Iglesia. Aunque el gobierno de la Iglesia no estaba tan centralizado como lo está hoy, hay bastante evidencia de que el obispo de Roma era considerado la autoridad.

La persecución de los cristianos continuó hasta que Constantino, el emperador de Occidente, derrotó a su rival, Majencio, y en 313 decretó tolerancia hacia el Cristianismo.

Por fin, los cristianos podían practicar su fe sin temor a la persecución; pero esta libertad, también, era tan solo una etapa más.

Con un compañero o en grupo, trata de ponerte en el lugar de los primeros cristianos. Comparte con los demás cómo habrías afrontado las dificultades cotidianas de la Iglesia de los inicios como la persecución, la negación de la fe por parte de algunos cristianos o la progresiva formación de la jerarquía en la Iglesia

¿Hay dificultades que te parezcan presentes también en nuestros días? ¿Cómo podría superarlas la Iglesia de hoy? Si te resulta difícil iniciar esta actividad, puedes usar una Biblia o un Catecismo.

Piensa en un momento de tu vida en el que hayas comenzado una nueva etapa.

¿Qué sucedió?

Jornada de Fe para Adolescentes: Catecumenado, C11 (826979)

Imprimi Potest: Stephen T. Rehrauer, CSsR, Provincial de la Provincia de Denver, Redentoristas.

Imprimatur: "Conforme al C. 827, Rev. Msgr. Mark S. Rivituso, Vicar General de St. Louis, concedió el Imprimátur para la publicación de este libro el 17 de mayo de 2016. El Imprimátur es un permiso para la publicación que indica que la obra no contiene contradicciones con las enseñanzas de la Iglesia Católica, sin embargo no implica la aprobación de las opiniones que se expresan en ella. Con este permiso no se asume ninguna responsabilidad".

Para hacer pedidos, visite Liguori.org o llame al 800-325-9521. Liguori Publications, corporación no lucrativa, es un apostolado de los Redentoristas. Para saber más acerca de los Redentoristas visite Redemptorists.com.

Edición del 2016: Theresa Nienaber y Pat Fosarelli, MD, DMin.
Arte/Diseño: Lorena Mitre Jiménez. Imágenes: Shutterstock.

Impreso en los Estados Unidos de América.
Tercera edición.

De la esclavitud a la libertad

Éxodo, Deuteronomio

La misión de Moisés resultó ser muy difícil. Cuando Moisés y Aarón transmitieron el mandato de Dios al faraón, este se burló. Por esta razón, Dios castigó a Egipto con una serie de plagas. Y cada vez que Dios retiraba la plaga, el faraón rompía su promesa de liberar al pueblo de Dios.

Así vino el último y más terrible de todos los signos.

Moisés pidió a los israelitas que prepararan sus hogares rociando sangre de un cordero en los marcos de sus puertas. Esto sería una señal de que ellos eran familia de Dios y el ángel de la muerte no los heriría. Aquella noche el ángel hirió a los primogénitos de todas las familias egipcias. Sin embargo, el ángel de la muerte pasó de largo ante los hogares de las familias israelitas. La Pascua es todavía hoy una fiesta importante para los judíos.

Cuando finalmente el faraón entendió el verdadero poder de Dios, accedió a dejar que el pueblo se marchara. Pero incluso en esta ocasión, el faraón cambió de opinión y envió a su ejército a perseguir a los israelitas. Moisés ayudó a los israelitas a escapar dividiendo el Mar Rojo, con el poder de Dios, lo cual permitió que los israelitas lo atravesaran y a la vez impidió que los guardias del faraón pudieran alcanzarlos.

Tras siglos de esclavitud, los israelitas quedaron libres.

A pesar de que Dios siempre accedió a sus peticiones, los israelitas rápidamente olvidaban lo mucho que Dios había hecho por ellos y adoraban nuevamente a los ídolos.

Únicamente se volvían a Dios cuando eran amenazados por la muerte. Los cuarenta años que vagaron por el desierto representan una historia de promesas humanas hechas y más tarde rotas y, a la vez, es una historia de la fidelidad de Dios a pesar de la infidelidad de su pueblo. Cuando finalmente llegaron a la Tierra Prometida, la relación entre Dios y los israelitas se había vuelto parte vital de su culto y de su historia.

- *¿Te has descubierto a ti mismo recurriendo a Dios solo cuando necesitas algo?*
- *¿Por qué es tan fácil olvidar todo lo que Dios ha hecho por nosotros?*

El pueblo de Dios como comunidad

> *"Afirmaré después de ti la descendencia que saldrá de tus entrañas, y consolidaré el trono de su realeza. (El constituirá una casa para mi nombre y yo consolidaré el trono de su realeza para siempre). Yo seré para él padre y él será para mi hijo".*
>
> *2 Samuel 7:12–14*

Después de Moisés, el pueblo de Dios comenzó a afrontar su peregrinación como la de una comunidad. Dios era la cabeza de esta comunidad, pero cuando el pueblo volvía a ser infiel, Dios le enviaba jueces para guiarlos. Con valentía y sabiduría, estos jueces salvaron en diversas ocasiones a Israel de ser conquistado.
El pueblo rogó a Dios que les enviara un rey, incluso cuando Dios les había advertido que un rey jamás sería tan generoso como Dios. El primer rey, Saúl, sintió celos de la popularidad de un joven pastor, David, y trató de matarlo. Aunque en varias ocasiones David fue forzado a huir para poder salvar su vida, siguió mostrándose misericordioso con Saúl y con sus descendientes.

Cuando finalmente —y tras la muerte de Saúl— David fue proclamado rey, este guio a su pueblo hacia una época de prosperidad. Con todo, su vida estuvo llena de tragedias. Sus hijos lo traicionaron y él cometió adulterio y asesinato. A diferencia de Saúl, David admitió su pecado y pidió perdón a Dios. Dios prometió que su reino jamás terminaría y que uno de los descendientes de David "sería un hijo para él". Esta promesa fue un preanuncio de la Nueva Alianza que se cumpliría en Jesús, el Hijo de Dios.

Israel en la cautividad

El hijo de David, Salomón, convirtió a Israel en una nación poderosa y construyó el primer Templo de Jerusalén. Sin embargo, apegó su corazón a las cosas del mundo y comenzó a adorar a otros dioses. Se olvidó del Dios único y verdadero. Como resultado de su infidelidad, el reino se dividió en dos. Israel se convirtió en el reino del Norte y Judea en el del sur. Estos dos reinos a menudo sostuvieron guerras entre ellos, mientras que el pueblo continuó adorando falsos dioses.

Muchos profetas advirtieron al pueblo que debía arrepentirse y volver a vivir la alianza que había hecho con Dios. Las advertencias de los profetas cayeron en saco roto. En cambio, los reyes escucharon a falsos profetas quienes les decían que todo estaba bien (2 Crónicas 18:5–34).

En el año 587 a. C., los babilonios tomaron Jerusalén, la capital de Judá. Muy pocos permanecieron fieles a Dios y se mantuvieron a la espera del momento en el que se reconciliarían con Dios. Durante el exilio de Babilonia, los israelitas por fin comenzaron a hacerse a la idea de que era Dios quien los mantendría unidos. Hubo grandes gestas heroicas en este periodo, muchas de ellas hablan de grandes mujeres como Esther (libro de Ester) y Susana (libro de Daniel).

Cuando Ciro conquistó Babilonia, Dios lo inspiró para dejar a los israelitas volver a su tierra y para reconstruir el Templo. Este periodo de reconstrucción duró 200 años. Después los israelitas fueron conquistados por Alejandro Magno cayendo de nuevo bajo dominio extranjero. Desde el año 63 a. C. el Imperio Romano pasó a controlar la región y permitió que el Templo de Jerusalén se reconstruyera, aunque era un templo más pequeño. El deseo de los israelitas de reconciliarse con Dios brotó de nuevo con la aparición de un profeta en el desierto, Juan el Bautista, quien proclamó la venida del Mesías, "yo los bautizo con agua para que se conviertan, pero aquel que viene detrás de mí es más fuerte que yo" (Mateo 3:11).

Esto es verdad en cuanto que Jesús es quien personifica la Nueva Alianza, él es la plenitud de la promesa de Dios a Adán y Eva, y a Abraham y a Sara. Jesús restaura el reino de David, y a pesar de que lo restaura con una gloria renovada, lo restaura de una manera muy distinta a la esperada por los israelitas.

Analiza a las siguientes figuras bíblicas, haz una lista de sus virtudes más importantes y escoge aquellas que podrías imitar en tu vida.

Si necesitas ayuda, busca sus historias en el Antiguo Testamento.

Abraham	José
Moisés	David
Cyrus	Juan el Bautista (Nuevo Testamento)

Compara tu jornada personal en la fe con la jornada de fe de los israelitas.

¿En qué momento de tu vida has estado más cerca de Dios? Y ahora, ¿qué tan cerca te encuentras?

***Jornada de Fe para Adolescentes: Catecumenado, C10* (826979)**

Imprimi Potest: Stephen T. Rehrauer, CSsR, Provincial de la Provincia de Denver, Redentoristas.

Imprimatur: "Conforme al C. 827, Rev. Msgr. Mark S. Rivituso, Vicar General de St. Louis, concedió el Imprimátur para la publicación de este libro el 17 de mayo de 2016. El Imprimátur es un permiso para la publicación que indica que la obra no contiene contradicciones con las enseñanzas de la Iglesia Católica, sin embargo no implica la aprobación de las opiniones que se expresan en ella. Con este permiso no se asume ninguna responsabilidad".

Jornada de Fe © 2000, 2017 Liguori Publications, Liguori, MO 63057. Para hacer pedidos, visite Liguori.org o llame al 800-325-9521. Liguori Publications, corporación no lucrativa, es un apostolado de los Redentoristas. Para saber más acerca de los Redentoristas visite Redemptorists.com.

Edición del 2016: Theresa Nienaber y Pat Fosarelli, MD, DMin. Arte/Diseño: Lorena Mitre Jiménez. Imágenes: Shutterstock.

Impreso en los Estados Unidos de América.
Tercera edición.

LIBROS LIGUORI

Jornada de Fe

¿Qué son las Órdenes Sagradas?

El sacramento de las Órdenes Sagradas constituye a obispos, sacerdotes y diáconos en dirigentes oficiales de la Iglesia. El énfasis de las Sagradas Órdenes no está en el poder, sino en una autoridad que conduce a un servicio fiel y delicado al pueblo de Dios.

A lo largo de la historia, el principal deber del sacerdote ha sido ofrecer el sacrificio eucarístico. En el Antiguo Testamento, el sacerdote ofrecía el sacrificio matando a un animal o prendiendo fuego a la cosecha y presentándola como ofrenda. De esa forma el pueblo podía ofrecer una reparación por sus pecados y reconciliarse con Dios.

Cristo vino a ofrecer un sacrificio también, solo que en su caso él se ofreció a sí mismo en la cruz para que la humanidad pudiera reconciliarse con Dios. Cristo fue a la vez ofrenda y sacerdote. No habrá mayor sacrificio que el de Nuestro Señor, quien por su muerte en la cruz se ofreció a sí mismo totalmente a Dios.

Sigue siendo deber de los sacerdotes de hoy ofrecer sacrificios. Por eso en la Misa, el sacerdote y el pueblo se ofrecen y se unen con el pan y el vino que se convierten en el Cuerpo y la Sangre de Cristo. Todos nos convertimos en uno en Cristo, el verdadero sacerdote.

El sacerdote debe dirigir y guiar a la comunidad de fe. Jesús siempre estaba dispuesto a buscar a los perdidos, a atender a los enfermos y heridos de su rebaño, incluso a dar su vida para salvarlos. En la ceremonia de ordenación, se recuerda a los hombres que van a ser ordenados que deberán ser como Cristo, esto es, buenos pastores y por tanto, servir antes que ser servidos.

> *"En el servicio eclesial del ministro ordenado es Cristo mismo quien está presente a su Iglesia como Cabeza de su cuerpo, Pastor de su rebaño, Sumo Sacerdote del sacrificio redentor, Maestro de la Verdad".*
>
> CIC *1548*

Ser como Cristo no es fácil. Cristo predicó con palabras y en parábolas, las cuales la gente podía aplicar a su vida cotidiana. Se mostró misericordioso y compasivo con los pecadores, y nunca evitó a los pobres, a los enfermos o a los discapacitados. Predicó a todos su mensaje de salvación física y espiritual, ayudó a su pueblo en su necesidad más grande, cuando ellos fueron débiles o tuvieron miedo e incluso cuando le fueron infieles. Los sacerdotes están llamados a hacer lo mismo.

Dado que los sacerdotes son humanos, en muchas ocasiones no desempeñan sus responsabilidades a la perfección. Jesús no espera que seamos perfectos, de hecho, Jesús ya estaba preparado para la debilidad humana, sabía que la debilidad y los fracasos se convertirían en parte de su Iglesia. Jesús conocía los sufrimientos y pruebas del ser humano. Sin embargo, también conocía sus alegrías y comprendía a la humanidad. La misma naturaleza humana que a veces ha traído grandes dificultades a la Iglesia, ha permitido también a los sacerdotes comprender con mayor profundidad las dificultades y tentaciones de esta vida.

- *¿Por qué serían necesarias para un sacerdote las debilidades y las imperfecciones?*
- *¿De qué manera tus errores te han hecho más comprensivo?*

Los tres niveles de las Órdenes Sagradas

Muchos asocian Sagradas Órdenes con sacerdocio, pero el sacerdocio en realidad es el segundo de los tres niveles de las Sagradas Órdenes.

Diácono: Diaconado transicional es una etapa por la que el seminarista pasará en su camino hacia el sacerdocio. Si bien no es lo mismo que un sacerdote, un diácono puede —con el permiso del obispo— bautizar, distribuir la Eucaristía, dar la Comunión a los enfermos y celebrar matrimonios y funerales. Dirige la oración del pueblo, lee las Escrituras, predica y enseña. Un hombre casado puede ordenarse diácono permanente y quedar así instruido para cumplir con las mismas responsabilidades, pero si su esposa muere, no podrá casarse de nuevo.

Sacerdote: En la Iglesia primitiva, los obispos servían a todos. Conforme creció el número de creyentes, los obispos ya no eran capaces de atender a todos. Por tanto, ordenaron a varones para que les ayudaran. Estos fueron los primeros sacerdotes.

Los sacerdotes tienen tres funciones importantes. Primero, están llamados a predicar de palabra y de obra. Segundo, son quienes encabezan las acciones de culto. Y tercero, están llamados a ser líderes a imagen del Buen Pastor.

El obispo: Podemos encontrar el momento en que se instituyó la figura del obispo en el pasaje en que Cristo nombra a los apóstoles como los primeros dirigentes de los fieles. Los obispos son los sucesores de los apóstoles.

En cuanto maestro principal de su diócesis, el obispo analiza si las verdades de la fe católica y los principios de la moralidad se enseñan apegándose a la doctrina católica. En su propia diócesis, el obispo es la cabeza de la Iglesia. Cuando visita una parroquia o celebra algún sacramento como la Confirmación, él representa a la Iglesia Universal, al pueblo de Dios viviente y que se encuentra en todo el mundo. La cabeza de la Iglesia Católica es el Papa.

Celibato: es el estado voluntario por el cual alguien no contrae matrimonio y se abstiene de las relaciones sexuales. Aunque esto pueda parecer un enorme sacrificio, de hecho, libera al sacerdote de las responsabilidades de la vida de un hombre casado y le permite dedicarse a "las cosas del Señor" (1 Corintios 7:32).

Llena la tabla siguiente en grupo:

	¿En qué se parecen?	**¿En qué son diferentes?**
Obispos y sacerdotes		
Sacerdotes y diáconos		
Sacerdotes y laicos		

Los católicos están llamados por Dios a una vocación concreta (vida matrimonial, sacerdocio/Órdenes Sagradas, soltería o vida religiosa).

Durante un momento de silencio en oración reflexiona en estas opciones. ¿Existe alguna que te interpele con más fuerza que las demás? ¿Qué es lo que te atrae de ella? ¿Qué es lo que más te cuesta?

Jornada de Fe para Adolescentes: Catecumenado, C9 (826979)

Imprimi Potest: Stephen T. Rehrauer, CSsR, Provincial de la Provincia de Denver, Redentoristas.

Imprimatur: "Conforme al C. 827, Rev. Msgr. Mark S. Rivituso, Vicar General de St. Louis, concedió el Imprimátur para la publicación de este libro el 17 de mayo de 2016. El Imprimátur es un permiso para la publicación que indica que la obra no contiene contradicciones con las enseñanzas de la Iglesia Católica, sin embargo no implica la aprobación de las opiniones que se expresan en ella. Con este permiso no se asume ninguna responsabilidad".

Para hacer pedidos, visite Liguori.org o llame al 800-325-9521. Liguori Publications, corporación no lucrativa, es un apostolado de los Redentoristas. Para saber más acerca de los Redentoristas visite Redemptorists.com.

Edición del 2016: Theresa Nienaber y Pat Fosarelli, MD, DMin.
Arte/Diseño: Lorena Mitre Jiménez. Imágenes: Shutterstock.

Impreso en los Estados Unidos de América.
Tercera edición.

LIBROS LIGUORI

Jornada de Fe

Sin embargo, también significa que somos libres de crecer con la otra persona. De la misma forma que los amigos hacen que te emociones con cosas nuevas o que des lo mejor de ti mismo, así también el matrimonio va modelándote y te seguirá modelando. El verdadero amor es un llamado constante a crecer, a ser más de lo que alguna vez pensaste que podrías llegar a ser.

> *"[La Caridad] es decorosa, no busca su interés; no se irrita; no toma en cuenta el mal; no se alegra de la injusticia; se alegra con la verdad".*
>
> *1 Corintios 13:5–6*

El amor perdona. Cuando tienes un serio desacuerdo con tu mejor amigo y luego hablan serenamente sobre el problema y se perdonan mutuamente, ¿tu confianza en él no se fortalece más que nunca? Esto es lo que a menudo sucede en el caso del amor esponsal. El perdón y la aceptación llevarán al crecimiento y al fortalecimiento de la relación.

El perdón infinito y constante de Dios se refleja en la manera en que las parejas dialogan sobre sus diferencias, perdonan las heridas y se sanan mutuamente. El compromiso de la pareja para sanar su relación y olvidarse de la justicia es un ejemplo del deseo de reconciliación que Dios tiene hacia nosotros.

> *"[La Caridad] todo lo excusa. Todo lo cree. Todo lo espera. Todo lo soporta".*
>
> *1 Corintios 13:7*

El amor es fiel. El día de la boda se le pregunta al hombre y a la mujer: "¿Prometes amar y respetar a tu esposo (o esposa) y serle fiel hasta que la muerte los separe?". ¿Acaso no sería razonable si ellos respondieran?: "Sí, siempre y cuando todo vaya según lo previsto". Pero esa no es la respuesta. Ellos simplemente responden "sí, prometo".

El matrimonio, como las demás relaciones humanas, casi nunca avanza de acuerdo con un plan. A menudo la pareja experimentará el estrés que las influencias del exterior impondrán a la relación, tales como cambios de trabajo, enfermedades, accidentes, el envejecimiento de los padres, etc.

No hay esposo ni matrimonio perfecto. El verdadero amor es el que dura hasta después de que se acaba la luna de miel. Durante los periodos de dificultad no se siente el verdadero amor. Es algo que se hace vida. A menudo el amor es más un compromiso que un sentimiento.

Los sentimientos son fugaces y cambiantes; el amor fiel y comprometido es constante.

La fidelidad de Dios a nosotros se vuelve visible en el compromiso que la pareja hace de amarse el uno al otro por toda la vida. El amor de Dios se hace visible cuando la esposa cansada decide escuchar a su marido porque necesita hablar. Es visible cuando uno de los esposos ayuda en la casa incluso cuando tenía planes de salir. La fidelidad de Dios nos acepta por quienes somos, nos afirma, promueve lo bueno que hay en nuestro interior y nos invita a seguir creciendo. La pareja casada tiene que reflejar el amor de Dios por la forma en que uno afirma y anima al otro a crecer.

- *¿Ha cambiado en algo tu concepción del amor a raíz de esta lección? ¿En qué?*

El amor es íntimo y creativo. Es imposible para nosotros entender el misterio de la Santísima Trinidad y a la vez la unidad de Dios Padre, Dios Hijo y Dios Espíritu Santo. Pero sí es posible reconocer la fuerza y la belleza de una pareja que es realmente uno en el sentido de que son más completos y más perfectos gracias a su unión. Al unirse dos en una sola carne, nosotros, la Iglesia, podemos mirar, aunque sea de una manera muy imperfecta, la unidad de Dios.

Dado que la pareja participa del amor creador de Dios, tiene el privilegio de participar en la parte más elevada de la obra creadora de Dios: la creación de otro ser humano. El poder creador, sin embargo, no se limita a aquellas parejas que tienen hijos. El amor creador es ese amor que aporta algo nuevo y bello al Reino de Dios en la tierra.

¿Por qué esperar?

Quizás te preguntes por qué, si el sexo es algo tan significativo y refleja tanto a Dios, la Iglesia está siempre diciéndole a la gente que no puede tenerlo. Si bien esto es lo que piensan muchos cristianos, no es del todo exacto. La Iglesia no dice "¡no!", sino más bien "todavía no".

Dado que la Iglesia ve el sexo como algo tan significativo —¡estamos hablando de participar en el acto creador de Dios!— reserva el sexo únicamente para la más permanente de las relaciones, una relación que se convertirá en el fundamento de la familia.

¿Qué es lo que los católicos creen sobre el divorcio?

"La Iglesia, tras examinar la situación por el tribunal eclesiástico competente, puede declarar 'la nulidad del matrimonio', es decir, que el matrimonio no ha existido. En este caso, los contrayentes quedan libres para casarse, aunque deben cumplir las obligaciones naturales nacidas de una unión precedente anterior".

CIC *1629*

Dado que la Iglesia cree que el matrimonio es un sacramento, un divorcio no puede disolverlo. La Iglesia enseña que se puede demostrar la nulidad de un matrimonio, lo que significa que en realidad el matrimonio nunca existió. Esto no quiere decir que se debe actuar como si nunca hubiera habido una boda o que no se creó una familia (los hijos cuyos padres reciben la nulidad no son considerados ilegítimos). Al decir "el matrimonio nunca existió" se quiere decir que la sacramentalidad del matrimonio nunca estuvo presente. Significa que, incluso antes de que tuviera lugar la boda, la pareja era incapaz de darse libre y completamente el uno al otro.

El proceso de anulación no es para culpar a uno de los cónyuges por el fracaso del matrimonio. De hecho, se trata de que dos personas que de alguna forma no estaban completas cuando se casaron, puedan sanar ahora.

Con un compañero o en grupo, haz una lluvia de ideas sobre algunas características o rasgos de un matrimonio cristiano. Después discutan en común cómo estos reflejan el amor de Dios.

Trata de definir y describir el verdadero amor con tus propias palabras (no se trata de describir el amor romántico).

Si tiendes a la creatividad, puedes escribir un poema o componer una canción.

Jornada de Fe para Adolescentes: Catecumenado, C8 (826979)

Imprimi Potest: Stephen T. Rehrauer, CSsR, Provincial de la Provincia de Denver, Redentoristas.

Imprimatur: "Conforme al C. 827, Rev. Msgr. Mark S. Rivituso, Vicar General de St. Louis, concedió el Imprimátur para la publicación de este libro el 17 de mayo de 2016. El Imprimátur es un permiso para la publicación que indica que la obra no contiene contradicciones con las enseñanzas de la Iglesia Católica, sin embargo no implica la aprobación de las opiniones que se expresan en ella. Con este permiso no se asume ninguna responsabilidad".

Jornada de Fe © 2000, 2017 Liguori Publications, Liguori, MO 63057. Para hacer pedidos, visite Liguori.org o llame al 800-325-9521. Liguori Publications, corporación no lucrativa, es un apostolado de los Redentoristas. Para saber más acerca de los Redentoristas visite Redemptorists.com.

Edición del 2016: Theresa Nienaber y Pat Fosarelli, MD, DMin. Arte/Diseño: Lorena Mitre Jiménez. Imágenes: Shutterstock.

Impreso en los Estados Unidos de América.
Tercera edición.

LIBROS LIGUORI

Jornada de Fe

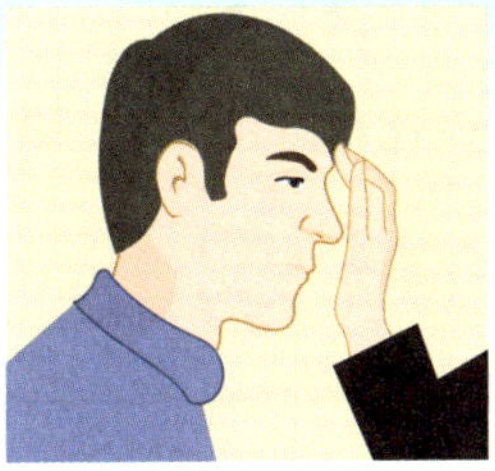

A continuación se tiene la unción en sí misma, durante la cual se traza la señal de la cruz en la cabeza y en las manos del ungido. La cruz es la señal de Cristo, señal de que le pertenecemos. Ya sea que nuestra enfermedad implique dolor físico, dolor emocional o sufrimiento espiritual, Cristo es el sanador que viene a nosotros en nuestras circunstancias especiales.

Conforme el sacerdote unge a la persona con el óleo precioso, dice: "Que el Señor que te libra del pecado, te salve y te resucite".

¿Qué podemos esperar de este sacramento?

La Unción de los enfermos no asegura una curación milagrosa del cuerpo; sin embargo, sí asegura la curación en la dimensión más importante. En otras palabras, podemos esperar que Dios nos dará exactamente lo que necesitamos en ese momento y que no es necesariamente lo que queremos, para asegurar nuestra salvación y la paz de nuestra alma.

Como sucede con los demás sacramentos, debemos ser honestos y acercarnos con corazón y mente abiertos. La respuesta de Dios será siempre real y plena, no solo para el cuerpo y para el espíritu, sino para toda la persona humana, independientemente de que desee la salvación o fortaleza mental y emocional; la curación física de una enfermedad o padecimiento serio; o la gracia para afrontar con valentía las últimas horas de su vida.

No hace mucho, la Unción de los enfermos era llamada también "Extremaunción" (que quiere decir la última unción). Estaba destinada únicamente a aquellos que se encontraban cerca de la muerte. Cuando a un sacerdote se le llamaba para impartir los últimos ritos, era porque no se esperaba que dicha persona fuera a vivir por mucho más tiempo. Pero como ya lo dijimos, el sacramento no fue pensado originalmente para impartirse de esa manera.

El Concilio Vaticano II ayudó a devolverle su propósito original. El Concilio cambió la expresión *"Extrema unción"* a *"Unción de los enfermos"*. Así mismo, enseñó que el sacramento está destinado también a todo aquel que sufra alguna enfermedad grave. Los moribundos recibían los sacramentos de la Reconciliación y la Eucaristía junto con la Unción de los enfermos. En ese caso, las oraciones empleadas en la Unción de los enfermos sufrían ligeros cambios pidiendo más la fortaleza espiritual que la salud física.

Los sacerdotes son los únicos que pueden administrar este sacramento. Sin embargo, el ministerio de salvación de los enfermos es responsabilidad de toda la comunidad cristiana, no solo del sacerdote. Si queremos seguir las huellas de Jesús, debemos tener en mente que gran parte de su trabajo en la tierra fue cuidar al débil, al pobre, al hambriento y al enfermo.

Familia y amigos pueden hacer mucho para satisfacer las necesidades espirituales de sus seres queridos que se encuentran atravesando por una enfermedad. Las necesidades espirituales del enfermo pueden ser perdonar sus errores, resolver conflictos, sentirse amados, saber que alguien siempre los va a cuidar y que estarán acompañados en los momentos finales. A nosotros se nos invita a estar cerca de quienes sufren, de la misma manera que Jesús y sus seguidores lo hacían.

- *Si solo el sacerdote puede administrar el sacramento, ¿por qué es importante que toda la comunidad participe en el ministerio de sanación?*
- *¿Cómo podrías colaborar con el ministerio de sanación?*

Completa las siguientes oraciones sobre el sacramento de la Unción de los enfermos.

El sacramento de la Unción de los enfermos está dirigido a ____________________ y no necesariamente la curación.

_________________________ simboliza la concesión de una gracia especial por parte del Espíritu Santo.

El aceite es símbolo de la ________________________ del Espíritu Santo.

La Unción se realiza aplicando el aceite en la frente y trazando la ___________________________ con aceite.

El _________________________ se impone también en las manos.

Conforme el sacerdote unge, dice las palabras: ____.

Teniendo en mente que la enfermedad se puede manifestar de diversas maneras, piensa en alguien que está necesitado de sanación.

¿Cuáles serían algunas formas simples y prácticas en que podrías ser las manos sanadoras de Dios para esa persona?

***Jornada de Fe para Adolescentes: Catecumenado, C7* (826979)**

Imprimi Potest: Stephen T. Rehrauer, CSsR, Provincial de la Provincia de Denver, Redentoristas.

Imprimatur: "Conforme al C. 827, Rev. Msgr. Mark S. Rivituso, Vicar General de St. Louis, concedió el Imprimátur para la publicación de este libro el 17 de mayo de 2016. El Imprimátur es un permiso para la publicación que indica que la obra no contiene contradicciones con las enseñanzas de la Iglesia Católica, sin embargo no implica la aprobación de las opiniones que se expresan en ella. Con este permiso no se asume ninguna responsabilidad".

Para hacer pedidos, visite Liguori.org o llame al 800-325-9521. Liguori Publications, corporación no lucrativa, es un apostolado de los Redentoristas. Para saber más acerca de los Redentoristas visite Redemptorists.com.

Edición del 2016: Theresa Nienaber y Pat Fosarelli, MD, DMin.
Arte/Diseño: Lorena Mitre Jiménez. Imágenes: Shutterstock.

Impreso en los Estados Unidos de América.
Tercera edición.

¿Cómo se practica hoy la Reconciliación en la Iglesia?

Aunque el pecado puede quedar en secreto, nunca será privado. Nada puede ocultársele a Dios de todo lo que hace. Por lo mismo, nada queda absolutamente aislado de los demás.

- *¿De qué forma nuestras decisiones afectan a los que nos aman?*

?

El propósito del sacramento de la Reconciliación es ayudarnos a celebrar y consolidar nuestros esfuerzos por ser gente de misericordia y perdón. Como cristianos, estamos llamados a promover la reconciliación, incluso cuando obrar en consecuencia sea a veces contrario a lo que nos dice el mundo. Estamos llamados a ser instrumentos de Dios que eliminan las barreras, barreras que impiden a los individuos y a los grupos comunicarse y preocuparse unos de otros.

Cuando participamos en este sacramento, debemos aceptar el perdón de Dios y también estar dispuestos a perdonar a los demás. Cuando realmente nos dolemos de nuestros pecados, queremos hacer **penitencia** por ellos, para reparar por cualquier daño que hayamos causado. Hacer penitencia conduce a la reconciliación.

La Iglesia enfatiza que este sacramento, como todos los demás, pertenece a la comunidad de fe. Cuando somos sanados individualmente, el cuerpo entero de Cristo queda fortalecido.

> *"El pecado menoscaba o rompe la comunión fraterna. El sacramento de la Penitencia la repara o la restaura. En este sentido, no cura solamente al que se reintegra en la comunión eclesial, tiene también un efecto vivificante sobre la vida de la Iglesia que ha sufrido por el pecado de uno de sus miembros".*
>
> CIC 1469

¿De qué manera aprovechamos este sacramento?

Como en todos los sacramentos, en este tampoco ocurre nada mágico o automático. Una preparación pobre o insincera, llevará a una experiencia poco satisfactoria.

Una buena preparación comienza con un buen **examen de conciencia**, una mirada atenta y honesta a nosotros mismos y a nuestro comportamiento. No se trata de contar nuestras acciones buenas o malas, sino de reflexionar en cuánto hemos amado a Dios, a los demás y a nosotros mismos. Examinar nuestra conciencia, no significa que debemos limitarnos a analizar lo que hemos hecho mal, sino que debemos concentrarnos en lo que hemos dejado de hacer o en lo que no hemos querido hacer. No todo pecado implica *hacer* algo malo; muchas veces un pecado puede consistir en no hacer nada.

Cuando nos sentimos mal por nuestro comportamiento, el hecho de compartir ese remordimiento con alguien en quien confiamos, puede ser una experiencia de sanación. Cuando les ponemos nombre a nuestras acciones y hábitos pecaminosos, y los afrontamos, estos pierden mucho del poder que tienen sobre nosotros. Afrontar el pecado y hacernos responsables del daño que nos hemos hecho a nosotros mismos y a los demás, es el primer paso para sanar. Escuchar a alguien que nos guiará en la dirección correcta, es otro paso importante.

¿Por qué debo decir mis pecados al sacerdote?

Así como el sacerdote es representante de Cristo durante el Bautismo, así también lo hace en el sacramento de la Reconciliación. Este ministerio Cristo lo transmitió a los apóstoles y los apóstoles lo transmitieron a los obispos y sacerdotes que vinieron después para bien de toda la comunidad eclesial. La Iglesia Católica pide a sus miembros confesar sus pecados al sacerdote porque cree que el pecado, aunque se cometa en secreto, daña no solo a quien lo comete, sino también al crecimiento y la vida de la comunidad.

Dado que el pecado daña a la comunidad, la verdadera reconciliación debe incluir a la comunidad y no solo a Dios. En el confesionario, el sacerdote representa al Cristo completo, esto es, la cabeza que es Jesús y su cuerpo, la Iglesia.

La penitencia que el sacerdote nos da después de la confesión nos ayudará a reflexionar seriamente en lo que podemos hacer para evitar en el futuro los comportamientos pecaminosos y nos ayudará a caminar más cerca de Jesús. En principio, las penitencias dadas por el sacerdote deben estar relacionadas con los pecados cometidos. Por ejemplo, si tienes dificultad en controlar tu temperamento, tu penitencia será practicar la paciencia. Una vez que la penitencia se ha impuesto, el sacerdote hace la oración de reconciliación, llamada también **absolución**. En ese momento, nuestros pecados son perdonados por Dios a través del sacerdote.

CATECUMENADO

JORNADA DE FE

Cómo se celebra el sacramento

1. Se entra en el **confesionario**, que es un cuarto pequeño donde está sentado el sacerdote.
2. Se dice: "Bendígame, Padre, porque he pecado". Luego le dices al sacerdote que es tu primera confesión o le dices cuánto tiempo tienes sin confesarte.
3. Menciona los pecados de los que estés arrepentido y que quieras confesar. No te preocupes por dar detalles de cada uno, simplemente explica cómo fue que desobedeciste a Dios y por qué te sientes triste o alejado de su amor.
4. El sacerdote te dará algunos consejos. Escúchalos con atención. Luego te dará una penitencia. La penitencia no es un castigo; es simplemente un acto que puedes realizar para reparar por cualquier daño o sufrimiento que hayas causado con tus pecados. La penitencia te ayudará a acercarte más a Dios y a los demás.
5. Di el *Acto de contrición*. Tu líder de grupo te puede dar una copia.
6. El sacerdote pedirá por ti y con el signo de la cruz quedarás absuelto o perdonado por Dios a través del sacerdote.
7. Agradece al sacerdote al salir y acuérdate de cumplir tu penitencia.

Completen la tabla siguiente en grupo:

Pecado	**¿Cómo te lastima a ti?**	**¿Cómo lastima a los demás?**	**¿Cuál sería la penitencia adecuada?**
Criticar/ Chismear			
Copiar en los exámenes / Engañar			
Usar el nombre de Dios en vano			
Robar			
Mentir			
Acosar (bullying)			

Recuerda alguna vez en la que hayas sido deshonesto o que hayas lastimado a alguien por actuar egoístamente.

¿Cómo te sentiste cuando te diste cuenta de lo que habías hecho? ¿Hiciste algo para hacerle saber a lo otra persona que lo estabas arrepentido? Si no, ¿hay algo que podrías hacer ahora?

Jornada de Fe para Adolescentes: Catecumenado, C6 (826979)

Imprimi Potest: Stephen T. Rehrauer, CSsR, Provincial de la Provincia de Denver, Redentoristas.

Imprimatur: "Conforme al C. 827, Rev. Msgr. Mark S. Rivituso, Vicar General de St. Louis, concedió el Imprimátur para la publicación de este libro el 17 de mayo de 2016. El Imprimátur es un permiso para la publicación que indica que la obra no contiene contradicciones con las enseñanzas de la Iglesia Católica, sin embargo no implica la aprobación de las opiniones que se expresan en ella. Con este permiso no se asume ninguna responsabilidad".

Jornada de Fe © 2000, 2017 Liguori Publications, Liguori, MO 63057. Para hacer pedidos, visite Liguori.org o llame al 800-325-9521. Liguori Publications, corporación no lucrativa, es un apostolado de los Redentoristas. Para saber más acerca de los Redentoristas visite Redemptorists.com.

Edición del 2016: Theresa Nienaber y Pat Fosarelli, MD, DMin.
Arte/Diseño: Lorena Mitre Jiménez. Imágenes: Shutterstock.

Impreso en los Estados Unidos de América.
Tercera edición.

LIBROS LIGUORI

Jornada de Fe

La presencia real de Cristo

Los católicos creemos que cuando Jesús dijo: "Este mi cuerpo… Esta es mi sangre", quería decir exactamente eso. Para los judíos de tiempos de Jesús, "cuerpo" significaba persona y "sangre" significaba la fuente de vida dentro de la persona. Por tanto, lo que Jesús dijo del pan y el vino consagrados fue "esto soy yo". Nosotros creemos que el pan y el vino consagrados se transforman realmente en el cuerpo y en la sangre de Cristo.

El Nuevo Testamento nos habla de la realidad de la presencia de Cristo en la Eucaristía. El capítulo 6 del Evangelio de Juan está completamente dedicado al "pan de vida". Jesús multiplica los panes y los pescados, un milagro que simboliza su habilidad para multiplicar su presencia en la Eucaristía.

Hay algo aún más importante. Jesús mismo nos dice:

> *"Yo soy el pan vivo que baja del cielo; quien coma de este pan vivirá para siempre; y el pan que yo daré es mi carne para vida del mundo".*
>
> *Juan 6:51, 53*

Muchos de los seguidores de Jesús pensaban que estas palabras eran intolerables y lo abandonaron. Con todo, Jesús no dijo: "Esperen, lo que quise decir es que mi pan es representación de mi cuerpo". Sino que, por el contrario, preguntó a los Doce: "¿ustedes también quieren dejarme"? Pedro respondió "Señor, ¿a quién iríamos? Solo tú tienes palabras de vida eterna" (Juan 6:67–68).

De la misma manera que Pedro, los católicos no declaramos haber entendido cómo es que el pan y el vino se convierten en el Cuerpo y la Sangre de Cristo. Aceptamos, como lo hizo Pedro, las "palabras de vida eterna" que brotan de la autoridad de Jesús. Lo anterior ha sido un elemento claro de la fe cristiana desde el inicio.

> *"Mediante la conversión del pan y del vino en su Cuerpo y Sangre, Cristo se hace presente en este sacramento".*
>
> CIC *1375*

En el siglo XII, la Iglesia comenzó a usar la palabra **transubstanciación** para describir el cambio de la sustancia del pan a la sustancia del cuerpo de Cristo. El problema es que la palabra moderna "sustancia" ha cobrado un significado diferente de aquel que proviene de su raíz latina. Cuando pensamos en sustancia, pensamos en términos de peso y volumen.

Sin embargo, el significado original de "sustancia" tenía menos que ver con las apariencias y más con la realidad interna de las cosas. El nivel más profundo de su ser.

Fíjate en ti mismo. Tú eres carne, huesos, músculos, un poco de grasa, mucha agua…, pero eso no describe lo que eres en realidad. Tú eres una persona humana, creada a imagen de Dios, lleno o llena de sentimientos, pensamientos e ideas; y bendecido con la capacidad humana única de amar. Tu apariencia y quién eres son dos cosas diferentes.

Pasa lo mismo con el pan y el vino que recibimos en la Misa. Si bien las apariencias externas (sabor, color, peso) del pan y el vino son las mismas antes y después de la consagración, las realidades internas han cambiado: el pan se ha convertido en el Cuerpo de Cristo y el vino, en su sangre. Eso es la transubstanciación.

Cuando recibimos la Sagrada Comunión, recibimos a la persona entera de Cristo, es decir, al Señor resucitado, con su cuerpo glorioso y con toda su divinidad. Cuando oímos al sacerdote que nos dice "Cuerpo de Cristo" o "Sangre de Cristo" nuestra respuesta es "¡Amén!" En otras palabras: "Así es. Así sea. ¡Lo creo!".

- *¿Cómo le explicarías a otro la presencia de Cristo en la Eucaristía? Escribe la respuesta y haz un dibujo o represéntala de forma plástica según se te ocurra.*

Completa las siguientes oraciones sobre el sacramento de la Eucaristía.

La Iglesia enseña que la Eucaristía es el ____________________ y la ____________________.

La parte de la Misa en la que el pan y el vino se convierten en el Cuerpo y la Sangre de Jesús se llama ____________________.

La Iglesia enseña que, aunque el pan y el vino parezcan pan y vino, se convierten en el Cuerpo y la Sangre de Jesucristo a través del poder de Dios. A esto se le llama ____________________.

Los católicos creen en la presencia ____________________ de Cristo en la Eucaristía.

Cuando el sacerdote dice: "Cuerpo de Cristo" a alguien que recibe la comunión, esta persona debe responder, ____________________.

Cuando compartimos el Cuerpo y la Sangre de Cristo con nuestros hermanos y hermanas en la fe, estamos siendo alimentados y también se nos invita a crecer espiritualmente.

¿Alguna vez te has negado a aceptar a alguien en tu mesa?, ¿hay alguna forma en que puedas cambiar tus acciones o actitudes para volverte más receptivo y abierto?

***Jornada de Fe para Adolescentes: Catecumenado, C5* (826979)**

Imprimi Potest: Stephen T. Rehrauer, CSsR, Provincial de la Provincia de Denver, Redentoristas.

Imprimatur: "Conforme al C. 827, Rev. Msgr. Mark S. Rivituso, Vicar General de St. Louis, concedió el Imprimátur para la publicación de este libro el 17 de mayo de 2016. El Imprimátur es un permiso para la publicación que indica que la obra no contiene contradicciones con las enseñanzas de la Iglesia Católica, sin embargo no implica la aprobación de las opiniones que se expresan en ella. Con este permiso no se asume ninguna responsabilidad".

Para hacer pedidos, visite Liguori.org o llame al 800-325-9521. Liguori Publications, corporación no lucrativa, es un apostolado de los Redentoristas. Para saber más acerca de los Redentoristas visite Redemptorists.com.

Edición del 2016: Theresa Nienaber y Pat Fosarelli, MD, DMin.
Arte/Diseño: Lorena Mitre Jiménez. Imágenes: Shutterstock.

Impreso en los Estados Unidos de América.
Tercera edición.

LIBROS LIGUORI

Jornada de Fe

¿Quién es el padrino o espónsor?

La palabra **espónsor** proviene de la misma raíz que la palabra *responsable*, raíz que significa "quien garantiza, quien dará razón de o quien promete". La idea de tener un espónsor o padrino nació en la Iglesia primitiva, etapa en la que los cristianos vivían con el miedo de ser perseguidos por causa de su fe.

Los catecúmenos —quienes deseaban convertirse al Cristianismo —necesitaban un espónsor, alguien que diera fe de la sinceridad de su intención.

Aunque la finalidad del padrino haya cambiado un poco, su papel sigue siendo muy importante, pues se trata de alguien que pueda caminar a tu lado en esta jornada hacia la madurez cristiana. Esta persona tiene que conocerte bien y estar disponible para escuchar tus inquietudes y responder a tus dudas sobre la fe y la Iglesia. Tu padrino tiene que ser alguien con quien puedas tener una relación que dure toda la vida. Asimismo, debe ser una persona madura, pertenecer a la Iglesia Católica y haber recibido los tres sacramentos de iniciación: Bautismo, Confirmación y Eucaristía. Y quizá lo más importante, es necesario que tu padrino sea un amigo espiritual, alguien con quien puedas hablar de las cosas que llevas en el corazón.

- *A solas o en grupo haz una lista de las características que crees debe tener un buen padrino o sponsor.*
- *¿A quiénes considerarías aptos para esta tarea? ¿Por qué?*

¿Qué hace un padrino o espónsor?

Durante la Confirmación, el padrino pone su mano sobre el hombro del candidato como signo de que presenta al candidato al sacramento de parte de *toda la comunidad cristiana*. Ser padrino requiere más que solo presentarse en la ceremonia de Confirmación. Es responsabilidad del padrino animar al recién confirmado a ser testigo de Cristo y a llevar la luz de Cristo al mundo.

Otra tradición de la Iglesia es que el candidato debe escoger un nombre para la Confirmación que le recuerde la recepción de este sacramento y su misión. Tu reflexión y oración te ayudarán a escoger ese nombre.

Quizás quieras comprometerte con tu nombre de pila, especialmente después de haber estudiado su significado y después de haber descubierto qué grandes personajes del Cristianismo tenían ese mismo nombre. Algunos candidatos escogen el nombre de algún familiar, de un buen amigo o de otra persona a la que admiran profundamente.

- *Haz una lista describiendo cómo crees que debe ser tu fe y anota también cuáles son las virtudes que crees necesitar más.*
- *¿Quiénes podrían ser tus modelos de vida para vivir tu fe de esa forma?*

¿Cuándo se confiere la Confirmación?

La edad para la Confirmación varía en los Estados Unidos. Hubo un tiempo en que todos se confirmaban hacia los diez años. Sin embargo, con el tiempo se cambió esta edad a entre doce y diecisiete años, debido al compromiso maduro que requiere dar testimonio de la propia fe. La Confirmación es un sacramento de testimonio y de compromiso cristiano, y dar testimonio en la fe requiere madurez y una clara comprensión de lo que eso significa.

Ser confirmado significa que te comprometes con la fe y comprometerse con la fe significa que serás llamado testigo de Cristo. Esto no siempre es fácil. Para eso está el sacramento de la Confirmación. Por este sacramento tú quedas ungido con el poder del Espíritu Santo para profesar la fe y hacer visible la verdad, incluso a aquellos que están fuera de la Iglesia. Por este sacramento te sumerges e involucras completa y plenamente en la vida de la Iglesia.

Completa las oraciones.

La Confirmación es uno de los tres sacramentos de ____________________ ; los otros dos son ________________ y _____________________.

En el rito de Confirmación, el padrino pone la mano sobre el hombro del candidato en señal de ____ .

La palabra *confirmación* significa __________________________________.

Imponer las manos significa _______________________________.

Tanto Mesías como Cristo significan ________________________________.

En el contexto de la Confirmación, ser ungido significa ____________________________ .

El objetivo de escoger un nombre de Confirmación es ____________________________ .

Tómate un momento para leer y reflexionar el pasaje de Isaías 11:2–3.

Piensa quién eres en este momento de tu vida. De todos los dones especiales del Espíritu Santo, ¿cuál crees que necesitas más?, ¿por qué?

***Jornada de Fe para Adolescentes: Catecumenado, C4* (826979)**

Imprimi Potest: Stephen T. Rehrauer, CSsR, Provincial de la Provincia de Denver, Redentoristas.

Imprimatur: "Conforme al C. 827, Rev. Msgr. Mark S. Rivituso, Vicar General de St. Louis, concedió el Imprimátur para la publicación de este libro el 17 de mayo de 2016. El Imprimátur es un permiso para la publicación que indica que la obra no contiene contradicciones con las enseñanzas de la Iglesia Católica, sin embargo no implica la aprobación de las opiniones que se expresan en ella. Con este permiso no se asume ninguna responsabilidad".

Jornada de Fe © 2000, 2017 Liguori Publications, Liguori, MO 63057. Para hacer pedidos, visite Liguori.org o llame al 800-325-9521. Liguori Publications, corporación no lucrativa, es un apostolado de los Redentoristas. Para saber más acerca de los Redentoristas visite Redemptorists.com.

Edición del 2016: Theresa Nienaber y Pat Fosarelli, MD, DMin. Arte/Diseño: Lorena Mitre Jiménez. Imágenes: Shutterstock.

Impreso en los Estados Unidos de América.
Tercera edición.

LIBROS LIGUORI

Jornada de Fe

"El Bautismo es el sacramento de la fe (cf. Mc 16,16). Pero la fe tiene necesidad de la comunidad de creyentes. Solo en la fe de la Iglesia puede creer cada uno de los fieles".

CIC *1253*

Ya que la Iglesia Católica considera como permanente el sacramento del Bautismo, el Bautismo hace que pertenezcamos a Cristo y dicha pertenencia jamás se puede perder (*CIC* 1272). Muchas comunidades cristianas realizan el Bautismo como se indica en el Nuevo Testamento. Esto hace que tengamos una base común y el Bautismo se convierte así en un vínculo de unidad entre todos los cristianos. Por ello, los cristianos no-católicos que quieran unirse a la Iglesia Católica no tienen que ser bautizados de nuevo, a no ser que haya una duda fundada sobre la validez de su Bautismo.

- *¿Cómo puede cambiar la forma en que tratamos a los demás el saber que todos los cristianos estamos unidos como una sola familia en Cristo?*

¿Qué pasa con los que no han sido bautizados?

En el caso de los adultos y niños que no han sido bautizados, los católicos creemos que la misericordia de Dios obra de una manera que no podemos comprehender. Los católicos también creemos en lo que se llama el "bautismo de sangre" (morir por Cristo antes de ser bautizado) y en el "bautismo de deseo". El Bautismo de deseo se refiere a "quienes, ignorando sin culpa el Evangelio de Cristo y su Iglesia, buscan no obstante, a Dios con un corazón sincero y se esfuerzan, bajo el influjo de la gracia, en cumplir con obras su voluntad, conocida mediante el juicio de la conciencia" (Constitución dogmática de la Iglesia [Lumen Gentium], 16).

Los católicos creen que los que no han sido bautizados cuentan con la "misericordia de Dios" y con "la dulzura de Jesús hacia los niños" (*CIC* 1261), lo cual da la esperanza de que encontrarán la felicidad eterna en el cielo.

¿Cuáles son los signos del Bautismo?

El signo en el Bautismo es derramar el agua o la inmersión en el agua, mientras se dicen las palabras "yo te bautizo en el nombre del Padre, del Hijo, y del Espíritu Santo".

Las aguas del Bautismo nos recuerdan que Cristo nos ha lavado del pecado y nos ha llevado de regreso a la casa de Dios. En el Bautismo todos nuestros pecados son lavados. He ahí por qué nuestras promesas bautismales incluyen la renuncia a nuestras acciones pecaminosas y la profesión personal de nuestra fe.

El ministro ordinario del Bautismo es el sacerdote o el diácono, aunque cualquier persona puede administrar el Bautismo si alguien se encuentra en peligro de muerte. Si más tarde la persona se recupera, no tendrá que ser bautizada de nuevo.

Los padrinos impondrán una vestidura blanca al recién bautizado para mostrar que ahora es una nueva creación y que se ha revestido de Cristo. Posteriormente se encenderá una vela tomando el fuego del cirio pascual para después entregársela al bautizado. Con esto se quiere simbolizar que Cristo, Luz del mundo, será también su luz. Y que, como lo dice san Pablo, ahora él deberá vivir como "hijo de la luz" (Efesios 5:8).

Si el Bautismo se celebra en una ceremonia distinta de la de la Confirmación, el nuevo bautizado es también ungido con aceite. El aceite, llamado **crisma**, es un aceite perfumado y consagrado por el obispo. La unción con el santo crisma es un signo de "[Dios] el que nos marcó con su sello y nos dio en prenda el Espíritu en nuestros corazones" (2 Corintios 1:22). El recién bautizado ahora participa del poder profético, real y sacerdotal de Cristo.

- *¿Recuerdas momentos en la Biblia en que Dios haya usado agua, luz (fuego) o aceite como símbolos especiales de algo?*

Llena los espacios en blanco teniendo en cuenta lo que acabas de aprender.

El agua representa el fin de ______________________ y el inicio de ______________________.

En el Bautismo, el nombre del aceite requerido es ______________________.

Ponerse la vestidura blanca simboliza ______________________.

La vela bautismal encendida representa ______________________.

El ministro ordinario del Bautismo es el ______________________ o el ______________________.

Si una persona no bautizada está en peligro de muerte, lo podrá bautizar ______________________.

Nuestro Bautismo nos libera del poder del pecado, nos hace miembros del Cuerpo de Cristo, nos llena del Espíritu Santo y nos invita a vivir como "hijos de la luz".

¿De qué manera puedes llevar la luz del mundo a las personas con las que convives todos los días?

***Jornada de Fe para Adolescentes: Catecumenado, C3* (826979)**

Imprimi Potest: Stephen T. Rehrauer, CSsR,
Provincial de la Provincia de Denver, Redentoristas.

Imprimatur: "Conforme al C. 827, Rev. Msgr. Mark S. Rivituso, Vicar General de St. Louis, concedió el Imprimátur para la publicación de este libro el 17 de mayo de 2016. El Imprimátur es un permiso para la publicación que indica que la obra no contiene contradicciones con las enseñanzas de la Iglesia Católica, sin embargo no implica la aprobación de las opiniones que se expresan en ella. Con este permiso no se asume ninguna responsabilidad".

Jornada de Fe © 2000, 2017 Liguori Publications, Liguori, MO 63057.
Para hacer pedidos, visite Liguori.org o llame al 800-325-9521. Liguori Publications, corporación no lucrativa, es un apostolado de los Redentoristas. Para saber más acerca de los Redentoristas visite Redemptorists.com.

Edición del 2016: Theresa Nienaber y Pat Fosarelli, MD, DMin.
Arte/Diseño: Lorena Mitre Jiménez. Imágenes: Shutterstock.

Impreso en los Estados Unidos de América.
Tercera edición.

LIBROS LIGUORI

Jornada de Fe

- *Describe un ritual que exista en tu familia. Puede ser la manera en que celebran los cumpleaños, las fiestas o cualquier otra costumbre o tradición familiar.*

Los discípulos conocían la historia del bautismo de Jesús: Dios lo había proclamado "su predilecto" y el Espíritu había descendido sobre él. Pensaban que si ellos también se sumergían en las aguas, como Jesús lo había hecho, entonces ese acto podría simbolizar lo mismo para ellos. Estaban comenzando una nueva vida como hijos e hijas de Dios y ¡a la vez estaban recibiendo el maravilloso don del Espíritu! Así es como vivimos el Bautismo hoy.

Los primeros cristianos también recordaban cómo Jesús a menudo invitaba a todos a acercarse y a comer con él. Sabemos que la Última Cena se convirtió en el más importante de los alimentos compartidos por Jesús. Después de la cena les ordenó que recordaran esos eventos y que los llevaran a cabo como él lo había hecho. Así, el ritual de la "fracción del pan" y el compartirlo con los demás cobró muchísima importancia para los discípulos. La fracción del pan se convirtió en la Eucaristía. Cuando el Espíritu Santo descendió sobre los Apóstoles en Pentecostés (Hechos 2:1–13), los dotó con las gracias necesarias para ir y evangelizar. Esas mismas gracias están disponibles también para nosotros en el sacramento de la Confirmación. Si bien el Espíritu Santo no desciende sobre nosotros literalmente como lengua de fuego, es un hecho que se hace presente a través de los símbolos y formas de la Confirmación.

De esta y de otras maneras, los discípulos dieron continuidad a lo que Jesús había hecho. Oraban e imponían las manos, sanaban y perdonaban, de la misma manera que Jesús lo hacía. Así como Jesús había sido sacramento de Dios para ellos, ellos —como miembros de su Iglesia— se convirtieron en sacramento de Jesús para los demás.

Hoy, como miembros de la Iglesia de Cristo, seguimos realizando las acciones rituales de los primeros cristianos. Así como Jesús usaba su cuerpo físico para acercar a las personas a Dios, el Señor resucitado ahora aprovecha los siete rituales especiales que llamamos sacramentos, para ayudarnos a sentir, ver y conocer la presencia de Dios. Una razón muy importante por la cual existe la Iglesia (la misión de la Iglesia), es hacer a Cristo presente de manera real y de una manera en que podamos sentirlo y entenderlo.

¿Cómo funcionan los siete sacramentos?

Los sacramentos, a través de acciones simbólicas, nos dan lo que significan. Por ejemplo, el ritual del Bautismo, el cual requiere que una persona se sumerja en el agua o que se le derrame agua en la cabeza, simboliza que la persona queda purificada del pecado original y que recibe la plenitud de la vida en el Espíritu Santo. Al mismo tiempo, Dios hace realidad esa purificación. Esto es lo que hace que el sacramento sea más que un *simple* ritual —Dios está realmente presente en un sacramento.

Por distintas razones es posible que no nos sintamos distintos después de recibir un sacramento. Nuestro corazón no estaba abierto a percibir la acción de Dios en nuestra vida. Como dijimos antes en esta lección, Dios no puede darnos un don que no estamos dispuestos a recibir.

Puede ser que no sintamos la presencia y la acción de Dios en los sacramentos porque estamos esperando algo más bien mágico. No hay magia en los sacramentos. Por ejemplo, el agua del Bautismo es eso, agua; no hay magia ni en ella, ni en las palabras pronunciadas por el sacerdote. Dios está por encima de la magia.

¡Un corazón abierto deja actuar a Dios, tanto en sí mismo como, a través de él, en los demás, y esto en formas que nunca imaginamos! Un corazón abierto no manipula a Dios. No hubo magia alguna en la forma en que los sacramentos comenzaron. Los sacramentos brotaron de experiencias de la vida real. Los primeros discípulos deseaban propagar la Buena Nueva según la cual su Señor y Salvador no se había ido, sino que estaba con ellos en todos y cada uno de los momentos, a través de su Espíritu. Los sacramentos son el don lleno de amor de él mismo a su Iglesia.

Con un compañero o en grupo, haz una representación visual —mapa, diagrama o imagen— que ayude a explicar las diferencias y semejanzas entre un sacramento de la Iglesia (los siete que esta celebra) y un sacramento en general, esto es, una ocasión que da lugar a un encuentro con Dios.

Describe una persona o una experiencia que te haya dado la oportunidad de conocer un poco más a Dios.

¿Es una persona que te ayudó a sentir la compasión amorosa de Dios? o ¿de un lugar tan maravilloso que te llevó a entender el poder creador de Dios?

Esta semana trata de hacerte más consciente de esos momentos y lleva un registro de ellos para que se te facilite recordarlos.

***Jornada de Fe para Adolescentes: Catecumenado, C2* (826979)**

Imprimi Potest: Stephen T. Rehrauer, CSsR, Provincial de la Provincia de Denver, Redentoristas.

Imprimatur: "Conforme al C. 827, Rev. Msgr. Mark S. Rivituso, Vicar General de St. Louis, concedió el Imprimátur para la publicación de este libro el 17 de mayo de 2016. El Imprimátur es un permiso para la publicación que indica que la obra no contiene contradicciones con las enseñanzas de la Iglesia Católica, sin embargo no implica la aprobación de las opiniones que se expresan en ella. Con este permiso no se asume ninguna responsabilidad".

Jornada de Fe © 2000, 2017 Liguori Publications, Liguori, MO 63057. Para hacer pedidos, visite Liguori.org o llame al 800-325-9521. Liguori Publications, corporación no lucrativa, es un apostolado de los Redentoristas. Para saber más acerca de los Redentoristas visite Redemptorists.com.

Edición del 2016: Theresa Nienaber y Pat Fosarelli, MD, DMin. Arte/Diseño: Lorena Mitre Jiménez. Imágenes: Shutterstock.

Impreso en los Estados Unidos de América.
Tercera edición.

LIBROS LIGUORI

Jornada de Fe

Cada domingo, después de las oraciones de intercesión, el sacerdote pedirá que seas liberado de los poderes del pecado.

"Pero el que beba del agua que yo le dé, no tendrá sed jamás".

Juan 4:14

Tu relación con el Señor cambia a medida que lo buscas con mayor intensidad.

- *¿De qué manera te ha ayudado el RICA en este proceso de conversión?*

Ritos de preparación

Los Ritos de preparación literalmente te preparan para la parte medular de tu camino de fe: la recepción de los sacramentos de iniciación. En algunos programas del RICA, los elegidos se reúnen para compartir sus pensamientos y para rezar el Sábado Santo antes de la Vigilia Pascual. Esto representa una oportunidad más para experimentar la **presentación del Credo** o la **presentación de la Oración del Señor**, si no las habías vivido aún.

Ritos de iniciación

Esta puede ser la parte más emotiva de tu jornada de fe; ha sido mucho lo que ha cambiado en ti y en tu parroquia, todo con la finalidad de que recibas el Bautismo, la Confirmación y la Eucaristía durante la Vigilia Pascual.

Hubo un tiempo en el que la Vigilia de la Iglesia primitiva era una experiencia de toda una noche. Hoy dura tan solo unas horas. Te has entregado a la fe en el Padre, en el Hijo, y en el Espíritu Santo; y ahora te insertarás plenamente en la Iglesia. ¡Se trata de algo muy grande! Esto es lo que va a suceder:

1. La celebración empieza en un ambiente oscuro (a menudo fuera de la iglesia). Se bendice el fuego. Posteriormente también se bendice el Cirio Pascual para después encenderlo.
2. El sacerdote con el diácono (si la parroquia cuenta con uno) precede la procesión hacia el interior de la iglesia. En ella se proclama la "luz de Cristo". El resto de los asistentes irá encendiendo pequeñas velas, tomando el fuego del Cirio Pascual y llenando así el lugar de filas iluminadas.
3. Se oye el "Exultet", que es un himno de alabanza muy expresivo y que habla de todo lo que Dios ha hecho por nosotros. Ahora, su Hijo, "rompiendo las ataduras de la prisión de la muerte", resucita gloriosamente y nosotros tenemos ahora acceso a la resurrección. Por primera vez desde que inició la Cuaresma, se escucha el "Gloria".
4. Varias lecturas —alternadas con Salmos— del Antiguo Testamento nos conducirán a lo largo de la historia de la salvación.
5. Escucharemos el pasaje de la Carta a los Romanos
6. Se cantará el "Aleluya", oiremos el Evangelio —Jesús ha resucitado— y luego vendrá la homilía.

"Un solo Señor, una sola fe, un solo bautismo."

Efesios 4:5

Ahora, ¡es tiempo de recibir el Bautismo!

7. Se te llamará. Conforme escuches la antigua Letanía de los Santos, oirás los nombres de muchos santos a los cuales se invoca para que intercedan por ti.
8. El sacerdote bendecirá el agua y serás bautizado.
9. Luego te colocarán una vestimenta blanca, signo de tu nuevo e inmaculado comienzo.
10. El resto de la comunidad renovará sus promesas bautismales y el celebrante te rociará con las aguas del bautismo recién bendecidas.

Ahora es tu turno:

11. En voz alta, confesarás tu fe en la Santa Iglesia Católica formando así parte de los bautizados.
12. Todos recibirán el sacramento de la Confirmación, incluyendo la imposición de las manos y la unción con el santo crisma.
13. Finalmente tú, como nuevo católico, ayudarás a la comunidad a acercarse a la Eucaristía. Te acercarás a la mesa del Señor y recibirás el Cuerpo y la Sangre de Cristo por primera vez.
14. El sacerdote envía a la asamblea para que siga caminando con el Señor y para que haga partícipe de su mensaje a toda la comunidad.

Usa la línea del tiempo que te proponemos a continuación para hacer visible tu jornada de fe. Anota algunos (entre tres y cinco) de los momentos o etapas más importantes a lo largo de tu camino.

En su discurso durante la 30° Jornada Mundial de la Juventud, el Papa Francisco comentó la sexta bienaventuranza, citando el Evangelio de Mateo: *"Bienaventurados los limpios de corazón, porque ellos verán a Dios"* (5:8). El Papa explicó que podemos alcanzar esta bienaventuranza por la forma en que vivimos, sobre todo si vivimos el servicio a los demás: *"Un corazón puro es necesariamente también un corazón despojado, que sabe abajarse y compartir la vida con los más necesitados"*.

Ahora que estás aprendiendo más sobre la fe católica, ¿qué harías para compartirla con quienes más la necesitan, ya sean amigos o extraños?

Jornada de Fe para Adolescentes: Catecumenado, C1 (826979)

Imprimi Potest: Stephen T. Rehrauer, CSsR, Provincial de la Provincia de Denver, Redentoristas.

Imprimatur: "Conforme al C. 827, Rev. Msgr. Mark S. Rivituso, Vicar General de St. Louis, concedió el Imprimátur para la publicación de este libro el 17 de mayo de 2016. El Imprimátur es un permiso para la publicación que indica que la obra no contiene contradicciones con las enseñanzas de la Iglesia Católica, sin embargo no implica la aprobación de las opiniones que se expresan en ella. Con este permiso no se asume ninguna responsabilidad".

Para hacer pedidos, visite Liguori.org o llame al 800-325-9521. Liguori Publications, corporación no lucrativa, es un apostolado de los Redentoristas. Para saber más acerca de los Redentoristas visite Redemptorists.com.

Edición del 2016: Theresa Nienaber y Pat Fosarelli, MD, DMin.
Arte/Diseño: Lorena Mitre Jiménez. Imágenes: Shutterstock.

Impreso en los Estados Unidos de América.
Tercera edición.

ISBN 978-0-7648-2697-9

LIBROS LIGUORI